我与"国培"共成长

——延安大学"国培"学员优秀成果选集

主编 刘瑞儒 冯晓江 马小惠

西北大学出版社

·西安·

图书在版编目（CIP）数据

我与"国培"共成长：延安大学"国培"学员优秀成果选集 / 刘瑞儒，冯晓江，马小惠主编. -- 西安：西北大学出版社，2024.7. -- ISBN 978-7-5604-5456-6

Ⅰ.G451.2

中国国家版本馆 CIP 数据核字第 20248AB035 号

WO YU GUOPEI GONGCHENGZHANG

我与"国培"共成长
——延安大学"国培"学员优秀成果选集

主编 刘瑞儒　冯晓江　马小惠

出版发行　西北大学出版社
（西北大学校内　邮编：710069　电话：029-88302621　88303593）
http://nwupress.nwu.edu.cn　E-mail: xdpress@nwu.edu.cn

经　销	全国新华书店
印　刷	西安日报社印务中心
开　本	787 毫米×1092 毫米　1/16
印　张	15.75
版　次	2024 年 7 月第 1 版
印　次	2024 年 7 月第 1 次印刷
字　数	241 千字
书　号	ISBN 978-7-5604-5456-6
定　价	68.00 元

本版图书如有印装质量问题，请拨打 029-88302966 予以调换。

前　言

　　习近平总书记历来十分重视教师队伍建设，把教师队伍建设放在以中国式现代化实现中华民族伟大复兴，服务高质量发展的全局中统筹谋划、系统推进。2023年5月，习近平总书记在主持中共中央政治局第五次集体学习时强调："强教必先强师。要把加强教师队伍建设作为建设教育强国最重要的基础工作来抓，健全中国特色教师教育体系，大力培养造就一支师德高尚、业务精湛、结构合理、充满活力的高素质专业化教师队伍。"2023年9月，在第39个教师节到来之际，习近平总书记致信全国优秀教师代表时提出"心有大我、至诚报国的理想信念，言为士则、行为世范的道德情操，启智润心、因材施教的育人智慧，勤学笃行、求是创新的躬耕态度，乐教爱生、甘于奉献的仁爱之心，胸怀天下、以文化人的弘道追求"的教育家精神。这些论述，为教师队伍建设提供了价值引领、根本遵循、实践路径。

　　延安大学教师培训中心自2011年成立以来，一直承担着"国培计划""省培计划"的光荣任务，截至目前，承担各级各类教师培训项目共计61项，培训5205人次。培训工作中，依托地处革命圣地延安的地域优势，充分利用党中央在延安十三年所留下厚重的红色资源和中国革命历史上形成的以延安精神为代表的红色精神，秉承延安大学"立身为公、学以致用"的校训，创造性地开展中小幼教师职后培训工作，培育了一大批具有教育家精神、延安精神特质的教师队伍，有效促进了受训教师自身专业成长，有些教师已经成长为校（园）长、德育主任、教务主任、教研组长、年级主任等，在各自岗位上发挥着引领、示范、管理的重要作用，有力促进了陕西基础教育教师队伍高质量发展。

为更好地总结过去的培训工作，展现培训工作特色和亮点，我们精心选取近年来培训中的优秀成果汇编成集，取名为《我与"国培"共成长——延安大学"国培"学员优秀成果选集》，依据项目类型和培训学科专业领域，内容分为三部分：第一部分为党建篇，第二部分为园长篇，第三部分为教学篇。在成果集正式出版之际，特别感谢陕西省教育厅，陕西省"国培办""省培办"多年来对我校教师培训工作的关心和指导，衷心感谢延安大学各位领导、各职能部门、各学院对培训工作一如既往的支持和帮助，衷心感谢陕西省各地市教育局、各实践基地学校、各位授课专家对培训工作的有力配合，还要感谢西北大学出版社的领导对本书出版的大力支持和编辑加工整理书稿所付出的辛劳，对各位参训学员、参与编写的工作人员在此也一并表示致谢。

初生之物其丑必多，还望广大读者包容，提出宝贵意见和建议。我们将以教育家精神为引领，继续弘扬延安精神，将中小幼教师培训工作做得更有特色、更有水平。

编　者
2024年6月

目　录

第一部分　党建篇

"三引三有"——党建工作新航标 …………………………… 叶庆东　3

追寻红色记忆，践行初心使命 ………………………………… 唐朝勤　7

六措并举学党史，争做时代好儿童 …………………………… 高光贵　10

党建工作案例 …………………………………………………… 陈继猛　12

党建引领，教育提质 …………………………………………… 戚江海　16

党建引领促教育，幸福护航促成长 …………………………… 豆春辉　19

服务师生零距离 ………………………………………………… 刘晶晶　23

关于加强党建和业务工作深度融合的实践与思考 …………… 吴永秀　26

2023年"一校一品"工作开展案例 …………………………… 尚志春　31

围绕教学抓党建，抓好党建促教学 …………………………… 王景华　33

参观红色圣地，追寻革命精神 ………………………………… 吴　霞　36

抓党建促脱贫工作案例 ………………………………………… 杨知亭　40

强化支部"党建+"引领，落实立德树人根本任务 ………… 王　权　43

党建引领促教学，教学提升促发展 …………………………… 程开萍　46

关注教师职业幸福感 …………………………………………… 许新鹏　50

抓党建促教育 ·· 吴绒会 53

第二部分　园长篇

减少小班幼儿"破坏性"行为的对策研究 ················ 靳悦玥 61
幼儿园有效开展幼儿游戏活动的策略 ···················· 李　晶 69
"双减"背景下幼儿园开展家园共育的策略 ·············· 辛　华 74
农村幼儿园科学教育存在的问题及解决策略 ············ 田　阳 79
家园共育促进幼儿良好道德品质的发展 ·················· 杜丽萍 92
幼儿数学操作性学习活动的存在问题与对策研究 ······ 付静文 98
幼儿园教师教育机智的探究与分析 ······················· 余蓓蓓 108
信息化技术在幼儿园家园共育中的应用 ·················· 慕亚丽 117
基于良好习惯培养的幼儿养成教育探讨 ·················· 陈艳利 121
乡镇幼儿园如何有效地开展体能活动 ···················· 薛丽娟 127
在农村幼儿园开展户外民间体育游戏的研究 ············ 王云霞 131
专注科学领域，开发适宜乡镇幼儿的园本课程 ········· 贾　鹏 135
浅析环保实用环创对幼儿成长的积极影响 ··············· 张翠杰 139
加强幼儿园德育教育的对策 ································ 王永丽 143
幼儿园小班家长工作实践策略研究 ······················· 吴　亮 147
新常态下幼儿园教师队伍建设策略 ······················· 刘英英 153
如何做一名优秀的幼儿园园长 ····························· 何　艳 158
幼儿教育中体验空间建构的实践探索 ···················· 辛凯博 163

第三部分　教学篇

"以读为本"在阅读教学中的策略	冯建林	169
基于新课标背景下培养小学生数学学习兴趣的策略研究	张菊霞	173
让小学生自然地爱上美术课策略研究	张雪莹	179
提高三年级学生口语交际能力的策略研究	李璠玲	183
浅谈对小学生解题能力的培养	侯晓莲	188
小学英语有效教学情境创设研究	石改霞	194
小学生美术学习兴趣培养策略研究	刘青梅	200
教学策略在网络教学中的应用和实践	张霞飞	203
提升小学生数学计算能力和学习兴趣的有效策略	宁朝林	208
吴起县中学排球课开展现状调查分析	牛雪琴	212
浅谈情感体验在小学音乐教学中的意义	王妮娜	222
课堂管理的重要性与影响因素研究	宁月妮	227
低年级识字教学之我见	王海霞	230
初中地理课堂情境教学探索	薛江荣	234
中学信息技术教学模式探讨	杜建梅	237
浅谈"双减"背景下如何构建初中道德与法治高效课堂	詹　蓉	241

第一部分

党建篇

"三引三有"——党建工作新航标

延安市宝塔区东关小学　叶庆东

为了全面贯彻落实基层党建的要求,建设学习型、服务型、创新型党组织,充分发挥学校党组织和党员在惠及学生终身发展、服务教师专业成长、促进教育科学发展方面的战斗堡垒作用和先锋模范作用,延安市宝塔区东关小学组织实施"三引三有"党建工作计划,提升了学校党组织建设的科学化水平,推动学校党建工作迈上新台阶。

一、目标与思路

全面落实延安市党建"四化"建设要求,以"'三引三有'强党建、促发展,让党旗在校园高高飘扬"为目标,坚持党建工作和学校常规工作相结合,通过育人引路,树立"爱生模范"先锋岗;教改引领,树立"教学能手"先锋岗;活动引领,树立"服务标兵"先锋岗,全面提高广大教职工的学习能力、服务能力和创新能力。

二、过程与做法

1. 精准定位,确立目标

根据学校工作实际,引导党员教师树立理想信念,在平凡的岗位上实现人生价值,实施党员蹲点站岗制度,争创党员先锋岗,发挥学校党员示范带头作用。

"三引"是指:

(1)"育人引路",树立"爱生模范"先锋岗。在廉洁从教、关爱学生、服务社会方面发挥带头作用。

（2）"教改引领"，树立"教学能手"先锋岗。在教学认真、课堂改革、提升质量方面发挥带头作用。

（3）"活动引领"，树立"服务标兵"先锋岗。在任劳任怨、热诚服务、无私奉献方面发挥带头作用。

"三有"是指：

（1）关键岗位有党员。广大党员坚持政治学习，认真学习新时期党的路线、方针、政策，树立正确的荣辱观，在党建文化品牌建设工作中起到先锋作用。

（2）危难面前有党员。求真务实，培养以爱国主义、集体主义、社会主义为核心的民族精神和人文精神。

（3）创新突破有党员。党员带头学习落实科学发展观，认真钻研业务知识，不断提高业务能力和管理水平，创造性地开展教育工作。

2. 精细管理，落到实处

（1）实施"阳光行动"。组织和引导党员教师奉献爱心，让孩子们感受到"党是阳光我是花"，在党的光辉照耀下茁壮成长。

①阳光帮扶行动：为特困生捐钱捐物，帮助他们实现"微心愿"；为学困生开展学习辅导，帮助他们树立学习的信心，组织党员教师做好无偿辅导工作。

②阳光课改行动：积极参加学校教学改革，让"快乐课堂"充满阳光；以人为本，激发学生学习兴趣；关注每一个学生，让学困生优先提问，让师爱的阳光洒遍教室的每一个角落。

③阳光为民行动：党员教师要树立服务为民意识，热心为教师服务、为学生服务、为家长服务，让他们在有困难的时候，能感受到阳光般的温暖。

（2）开展专题活动。

①手拉手专题活动：组织党员教师与普通教师手拉手，党员教师与特殊学生手拉手。

②示范课专题活动：党员教师上课改示范课，为普通教师做表率。

③志愿者专题活动：成立学校党员教师志愿者小队，开展"我为社区、校园绿地做美容"义务劳动，为美化社区、校园环境出力；举办"学校水龙头、门窗坏了我来修""教师、学生有困难，找我来帮忙"等活动。

④大展示专题活动：专题开展"党员教师'四有'领航下'感动瞬间'大展示"和"三亮"——"亮明身份、亮开承诺、亮出业绩"等活动。

（3）充分利用校园各类媒体开设党建文化专栏，依托微信、QQ等媒介，探索"互联网+党建"新模式，打造智慧党建平台和网络化、数字化、个性化、终身化的立体式党建文化载体。

三、成效与启示

1. 成效

（1）建成强有力的党组织，党员示范成立了"爱生模范"先锋岗16个、"教学能手"先锋岗7个、"服务标兵"先锋岗13个，在大型活动、课程培训、课题研究以及防控危险、志愿服务等工作中发挥了重要的示范、引领、辐射作用。

（2）社团建设依托学校已有的兴趣活动资源，根据教师的爱好特长，积极开发校内外课程资源，积极开展以特色社团为载体的特色学校建设。学校有硬笔书法、毛笔、水墨画、尤克里里、合唱、足球等各类艺术、体育社团7个，共有500多名学生参加。

2. 启示

（1）点面结合，在顶层设计中优化党建格局。抓住示范岗这个"关键少数"，落实主体责任，着眼于德、廉、能、绩等多方面提升他们的综合素养，发挥其引领和示范作用；创新活动载体，深化基层党建工作项目化管理，有效整合了党建资源，聚点成线，连线成面，整体推进，形成全方位、多层次的立体党建工作格局。

（2）虚实结合，在实践探索中提升工作能力。党建项目及推进项目的方式既"接天线"——响应中央精神和时代需求，得风气之先，也"接地气"——基于学校实际，为广大党员、师生、群众所喜闻乐见，解大众之需；既有理论学习、思想引领，也有实践体验、智慧增长。

（3）细小结合，在凸显特色中服务教育发展。围绕中心工作，坚持把全面从严治党的责任落细、落小、落实。基于学校党建实际，打造特色品牌，突出组织功能和服务功能，使党员工作室、支部品牌成为锤炼党员党性的新形式、新阵地和新载体，成为党员提升修养的熔炉、增长能力的平台、展示形象的舞台。

追寻红色记忆，践行初心使命

安康市紫阳县东木镇中心学校党支部　唐朝勤

"一个有希望的民族不能没有英雄，一个有前途的国家不能没有先锋。"英雄不能被忘记，应该一直在我们的心中，鼓舞我们坚定前行。为进一步激发全体党员教师的爱国之情，坚定党员教师立德树人的信念和永远跟党走的决心，2022年9月30日，紫阳县东木镇中心学校党支部组织学校全体党员、预备党员、入党积极分子共20余人赴安康牛蹄岭战斗遗址开展"追寻红色记忆，践行初心使命"主题党日活动，重温红色岁月，缅怀革命先烈，以革命精神锤炼党性、滋养初心、淬炼育人之魂。

牛蹄岭位于安康东南，因其貌似牛蹄而得名，是国家3A级景区。这里不仅风景优美，更蕴含着革命先辈的英雄故事，是一个红色教育基地。

1949年5月1日，中国人民解放军第二野战军第十九军成立，7月12日，十九军五十五师、五十七师奉命夺取牛蹄岭，经过48小时的激战，以伤亡1250余人为代价，夺得了这个地形险要、易守难攻的牛蹄岭，为解放安康作出了重大贡献。

牛蹄岭南依大巴山，北临汉江水，自古乃兵家必争之地。我们乘坐大巴车来到山顶。首先映入眼帘的就是一座纪念碑，据介绍，牛蹄岭战斗纪念碑总高为19米，寓意中国人民解放军第十九军，第一层碑座长为5.5米，两层碑座总高是5.7米，寓意参加牛蹄岭战役的十九军五十五师、五十七师。在讲解员的带领下，我们一起向革命烈士默哀，此时此刻，时间仿佛凝固了，我的脑海里浮现出烈士们英勇战斗的画面，心中无比酸楚，同时又充满对他们的崇敬。默哀过后，我们在党旗下重温入党誓词，同志们激情澎湃，再一次感受到作为一名共产党员的光荣和使命担当。跟随着讲解员,我们参观了牛蹄岭战斗纪念碑,了解四面浮雕所蕴含的意义,聆听革命先烈的英勇事迹,感悟他们的爱国精神。

大家认真聆听了讲解员对牛蹄岭战役的深情讲解,讲解员结合沙盘模型山势地形为全体党员教师讲述了在党的坚强领导下,军民团结与国民党反动派顽强斗争,鏖战牛蹄岭,并夺取了最终胜利这段光辉的历史,使全体党员教师深入了解了牛蹄岭战斗前后西北及陕南的革命形势、牛蹄岭战斗的激烈状况,回顾了中国共产党领导人民军队、带领全国人民实现民族独立、人民解放、国家富强、人民幸福的光辉历程和丰功伟绩。一个个感人至深的革命故事和一串响亮的烈士名字让在场的每一名党员、预备党员和入党申请人都对革命先烈对党忠诚、敢于担当、勇于牺牲的奉献精神有了更加深刻的认识。

入党誓词是广大党员不懈坚持初心使命的指路明灯,全体党员怀着崇敬的心情来到牛蹄岭战役纪念碑前,面对鲜红的党旗举起右拳庄严重温入党誓词,表达了坚定的入党初心以及永远跟党走的信心和决心,响亮的誓言在山谷中回响,如同声声战鼓催人奋进。

一首红歌,记录一段峥嵘岁月,象征一面光辉旗帜。带着参观后的激情和感悟,全体参与活动的教师在牛蹄岭战役纪念碑前饱含深情,共同高唱《没有共产党就没有新中国》,用激情嘹亮的歌声抒发对党、对祖国的热爱,用青春的激情和昂扬的歌声告白祖国母亲,为祖国献上自己的祝福,为祖国繁荣富强喝彩。铿锵有力的歌声抒发了党员教师对中国共产党的热爱之情,表达了对无数革命先辈为国抛头颅、洒热血的敬重之情,激发了大家奋斗、奉献、报国的豪情壮志。

鲜艳的五星红旗,指引前进的方向,在祖国母亲73华诞即将到来之际,东木镇中心学校党支部还结合此次主题党日活动开展"向国旗敬礼""我和国旗合个影"活动,向祖国母亲献上最诚挚的祝福!全体参与活动的教师以国旗为背景,向国旗敬礼、与国旗合影,微笑的脸庞,在鲜艳的国旗下定格。一张张照片,无一不凝聚着教师们对祖国的诚挚热爱与真情祝愿。"与国旗同框"是一种最朴实的爱国行为，让每名参与活动的教师深刻体会到身为一名中国人的自豪感，并为祖国的日益强盛而感到骄傲。这不仅仅是一张照片，更是一份担当和责任。

在主题党日活动的最后，学校党支部书记、校长郑长友鼓励全体参与活动的教师要从此次活动中汲取信仰之力，鞭策个人专业成长，并以先辈的光荣事迹激励学生爱党爱国、甘于奉献、团结互助、自强自立。

此次主题党日活动，让参与活动的每名教师的思想得到了洗礼、灵魂得到了升华、党性得到了锤炼，也更利于红色文化融入课堂，使之成为教育人、引领人、激励人、塑造人的时代文化。参与活动的教师纷纷书写了心得体会，来表达对革命先辈的崇敬和对伟大祖国的热爱。

六措并举学党史，争做时代好儿童

汉中市留坝县城关小学　高光贵

一、党史教育背景

小学生是祖国的未来和希望，小学阶段是学生人生观、世界观、价值观形成的关键时期。2013年6月25日，习近平总书记在主持中共中央政治局第七次集体学习时强调："历史是最好的教科书。学习党史、国史，是坚持和发展中国特色社会主义、把党和国家各项事业继续推向前进的必修课。这门功课不仅必修，而且必须修好。"学校党支部为认真贯彻落实习近平总书记的重要指示精神，在中国共产党成立100周年之际，在全校师生中深入开展党史教育系列活动。

二、具体实施方法

1. 在国旗下讲党史

利用每一个升旗仪式，由班级选出讲党史能手，在庄严的五星红旗下给全校师生讲党史。

2. 在学校微信平台上听党史

无论孩子们在哪里，只要想学、想听，点开手机"城关小学微信平台"都能找到相关视频和党史故事。真是处处有党史，随时可以看党史，时时可以学党史。

3. 在教室里看党史

学校给每个班级推荐了十余部爱国影片，由班主任带领孩子们一起观看，看完后有写感想的，也有说感想的。孩子们在观看一部部影片的过程中增强了爱国意识，感受到今天幸福生活的来之不易。

4. 在歌声中唱党史

音乐老师把红歌带进课堂。走进我们的校园，随处都能听到经典的红歌歌声，孩子们把爱国之情融入生活，真为他们感到骄傲！

5. 在博物馆里忆党史

学校还组织不同年龄段的学生到县党史馆参观，聆听讲解员精彩的解说，从中感知历史。

6. 在红军路上找党史

留坝县占有天时地利的优势，红二十五军曾在这里留下了历史的印记。随着"六一"儿童节的到来，学校组织全校师生开展"同走红军路，感受红军苦"活动。选择一段合适的路程，孩子们在老师的带领下"同走红军路"，只允许带上水和一些简易的食品，如西红柿、黄瓜、蒸熟的土豆等，让孩子们体验当时红军长征的艰难。为了调动同学们参与活动的积极性，学校还分年级准备了唱红歌比赛。

学校采取多种形式开展党史学习教育，除上述系列活动外，还采用主题班会、绘画、黑板报、手抄报等形式深入孩子们的内心，让他们从小感受中国共产党的光辉历史和丰功伟绩，以及革命先烈流血牺牲的英勇事迹，坚定全校师生的政治信念，做到知党愈深、爱党愈切，童心永向党。

三、取得的成效

（1）学生对我党的发展历程有了更为深刻的了解，知道我们现在的幸福生活来之不易。

（2）在党史教育下，孩子们的学习更加刻苦、勤奋。

（3）更加热爱自己的祖国、热爱五星红旗，为自己的少先队标志感到自豪。

（4）激发了孩子们深入了解红色历史、红色人物、红色故事的兴趣。

党建工作案例

渭南市富平县刘集镇施家小学党支部　陈继猛

近年来，在县教育局党委及中心学校党总支的正确领导下，在班子成员的通力协作下，全校上下严格按照党建工作安排部署，以"党建引领促教育"为抓手，充分发挥党支部的战斗堡垒作用，教育教学质量全面提高。

一、案例背景

《关于加强中小学校党的建设工作的意见》明确指出："中小学教育是国民教育体系的基础，担负着培养德智体美全面发展的社会主义建设者和接班人的重要使命。加强中小学校党的建设，对于全面贯彻党的教育方针、保证社会主义办学方向、落实立德树人根本任务、办好人民满意的教育，具有重要意义。"学校党组织作为党的基层组织的重要组成部分，担负着联系、宣传、组织、团结全体教职工，把党的路线、方针、政策落实到学校各项工作中的重要任务。面对教育改革中出现的新情况、新问题，充分发挥学校党组织政治核心作用，把党的思想政治组织优势转化为教育改革发展优势，着力推动党的建设与教育事业发展深度融合，以党建促教学，推动教育工作顺利开展。

二、主要做法

1. 加强政治学习，筑牢思想根基

采取党员大会集中学习、全体教师会、党员自学等形式，深入学习党的二十大会议精神，系统学习习近平新时代中国特色社会主义思想、习近平

总书记来陕考察重要讲话精神，跟进学习习近平总书记关于教育的重要论述、批示指示及回信精神，及时传达局党委会议精神，不折不扣落实中心学校党总支的具体安排，积极构建"学习型"学校，努力提高广大教师特别是党员教师的政治理论素养和政策水平。

2. 对标规范提升，推动工作落实

认真贯彻执行《中国共产党支部工作条例（试行）》，坚决贯彻执行上级党组织方针、政策和部署，认真落实支部书记抓党建第一责任人职责，同支部委员研究部署党建工作，按时召开支部会议，不断加强班子自身建设，重大决策、重要事项认真贯彻民主集中制原则，不搞"一言堂"。支委成员分工明确、党建工作任务量化分解，充分发挥党建工作在素质教育中的优势，不断加强支部的组织建设和作风建设。

积极设立"党员示范岗"，为群众提供优质便捷的全方位服务；以"旗帜引领、评星晋级"创建活动为契机，积极开展"党建引领促教育、党旗漫卷校园红"党建品牌建设活动；积极开展"传承红色基因、当好红色传人"党课教育，红色研学活动成效显著，增强了学生对党的认识，进一步激发了学生的爱国主义情怀。

3. 加强党员教育，激发党建活力

严肃党的组织生活，切实加强制度建设，落实"三会一课"、民主评议党员、主题党日等制度；积极开展党史学习教育，把对党员的政治思想教育和管理纳入全体教师大会中，强化教育学习的经常性、针对性和实效性。例如，我校一名青年党员，在前几年新经济浪潮中，搞了大量的网贷，一时间，追贷的人、网贷公司追贷到学校，信访到教育局、纪检部门，该党员同志一时思想滑坡，精神不振，工作松散，消极对抗。学校党支部主动找该同志谈心，开展批评教育，其他党员同志帮助该同志提高认识，加强党性学习，在党组织的关怀，经同志们的耐心开导，该同志主动积极配合相关部门，协调解决问题，思想觉悟进一步提高，工作更加积极，教育教学成绩受到上级的表彰奖励。开展主题党日活动，利用"党建+"模式积极发挥党员先锋模范作用，在疫情防控、课后服务、控辍保学、结对帮扶贫困生、关爱留守儿童中处处可见党员身影；落实党员教师"五必戴"要求，对发展对象和入党积极分子进行培训教育，严把党员发展"入口关"。

4. 突出示范引领，筑牢堡垒作用

以"党建引领促教育、党旗漫卷校园红"为主题开展党建品牌建设，在全面实施素质教育和落实新课程标准背景下，在双减工作的引领下，重点打造德育特色工作，加强师德建设，深化"生命教育、劳动教育、感恩教育、文明礼仪教育、心理健康教育"等专题教育，教育效果显著，党建工作与教育教学工作深度融合，党组织战斗堡垒作用不断发挥，党员先锋模范作用充分体现。

三、成效反响

1. 加强思想教育，增强政治定力

进一步夯实党建工作第一责任人职责，坚决贯彻上级决策部署要求，依托"学习强国"APP、"互联网＋党建"云平台等公众号，丰富学习形式，带领班子成员深入学习党建知识以及党的理论、政策，不断坚定理想信念，用理论武装头脑，推动教育强县工作顺利实施。

2. 加强党员管理，夯实党建责任

认真落实民主集中制，严格执行党内生活、专题民主生活会、"三会一课"等制度，通过民主评议党员、党纪教育等手段加大对党员干部的教育管理。狠抓工作作风建设，激励党员干部履职尽责、服务学校发展。

3. 党建业务融合，提升教学水平

坚持在推动党建与教育教学相融合上出实招，坚持推进"党建＋"模式，以党建为引领，充分发挥党组织的战斗堡垒作用和党员的先锋模范作用，有力推动学校各项事业的健康发展，不断提升教学管理水平，让党旗在教育战线上高高飘扬。

四、工作启示

在学习、探索和实践中，我们对推动中小学校党建工作创新发展，有以下几点体会：

一是要提高政治站位。要不断提高对党建工作的思想认识，坚决贯彻落实上级党委党建工作要求，结合本单位工作实际，突出"急、难、重"工作，以党建促教学为主线，充分发挥党组织的引领作用和党员模范带头作用，把党建引领作为统领学校各项工作的精神之魂，践行到学校各项工作之中。

二是要抓好融合学习。要搞好中小学校党建工作就是要创新党组织活动的内容和方式，合理地将党建工作融入学校教育教学各项工作中。关键点在于组织老教师、教学骨干与年轻教师结对子，组织发挥好全校教职员工的能动性。新时代思想政治教育是学校党建工作的突破口，学习教育是推进思想建党、组织建党、制度建党的有力抓手，在丰富的主题教育、德育教育、警示教育等活动中，加大运用现代信息技术手段，为中小学校党建工作良好发展提供全新助力，以学真务实的工作作风，带动新一轮中小学校党建工作的新风向。

三是要加强队伍建设。要运用"以点破面"思维方式对待中小学党的建设工作，抓好工作开展，关键是把握好"人"的因素，找准这个关键点就是要严把发展党员和党员教育管理工作。真正做到将优秀青年教师、学科带头人发展入党，落实好把骨干教师培养成党员、把党员教师培养成教学管理骨干的"双培养"机制，进而夯实新时代学校党的建设工作基础。

党建引领，教育提质

咸阳市彬州市北极镇中心小学　戚江海

近年来，北极镇中心小学党支部紧紧围绕以提高教育教学质量为中心，以立德树人为根本任务，以深化师德师风建设为重点任务，贯彻落实"双减"精神，深入探索"增效"的方法和途径，合理地将党建工作融入学校教育教学各项工作中去，着力创新育人模式，鼓励党员和骨干教师带头承担研究性课题，争做教学能手，积极主动承担高质量的示范课，扎实开展党员及骨干教师"五个一"示范引领活动，努力开创学校党建工作的新局面。特别是在发挥党员先锋模范作用及骨干教师"五个一"的示范引领作用上取得了一定的成效。

一、高度重视，广泛宣传

充分发挥党员先锋作用，组织全体教师认真学习相关文件，领会文件精神。制定《北极镇中心小学党员及骨干教师"五个一"引领实施方案》，拟定了活动细则，为活动的深入开展奠定了扎实的基础。将"五个一"骨干引领活动作为年度党建和教育教学重点工作进行具体的安排部署，使党员及骨干教师"五个一"引领活动融合于党建和教育教学全过程之中。

二、充分准备，全面落实

1. 发挥示范引领作用，尽显精彩课堂魅力

（1）紧抓"学生为本"的教育理念，遵循学科规律、凸显学科特点、明确课时目标、突出重点难点、优化教学方法，切实达到减负增效的目的。在党员和骨干教师的引领下，学校主要从集体备课、示范课展示、说课反思、集体评课、再次磨课等方面开展教育教学工作。

（2）党员和骨干教师示范课从备教材、备学生、备教法和学法等方面做了充分的准备。课堂上遵循以教师为主导、以学生为主体的宗旨，展现了分层教学、任务型教学、情景探究等全新的教学理念。

（3）课后以教研组为单位组织研讨活动。党员和骨干教师进行了说课和反思，其他教师进行了评课，逐步明确"为什么教""教什么""怎么教"和"教到什么程度"等问题。

（4）构建、完善"三环五步"高效课堂教学模式。

"三环"指多媒体应用的三个环节，即知识链接、呈现目标，媒体应用、强化重点，出示练习、训练反馈。

"五步"即导—学—论—展—练。

2. 精心优化作业设计，减负增效提升质量

一是作业设计和布置以学生的生活经验为基础，结合该单元的教学内容，分课时设计作业；二是作业设计体现针对性、层次性、趣味性、创新性，在尊重学生个体差异的同时兼顾面向全体学生；三是构建完善"1＋X"作业设计模式。

3. 家校教育积极互动，共同促进学生成长

一是成立家长学校及家长委员会，全面负责家长和学校的沟通联系、家庭教育等；二是提高教师的沟通能力和技巧；三是开好每学期至少两次的家长会；四是突出家访的实效性；五是构建完善"启—导—督—评"四步家庭教育指导模式。

4. 开展有效校本培训，引领教师专业成长

学校采用"1＋X"模式，组织开展了系统、有效的校本培训。"1"即校本培训，是基础；"X"即域外"专家引领"，是拓展。

5. 积极探索课题研究，提高教研教改水平

学校要求全体党员和骨干教师带头探索"课题从课堂教学中来，研究到课堂教学中去，答案从课堂教学中找，成果到课堂教学中用"的小课题研究模式，让课题研究既接地气又解决实际教学中的具体问题。

三、重视反思总结，促进共同提高

学校结合"减负""五项管理"等内容，组织党员和骨干教师做了专题报告。报告围绕专题剖析原因、寻找对策、引发思考，让全体教师在学习中思考、在思考中运用、在运用中提升，并以校刊《北极星》为载体，对党员和骨干教师"五个一"引领活动实时进行广泛宣传，及时报道活动的开展情况、活动效果，促共同进步。

总之，在学校党支部的正确领导下，充分发挥党员先锋模范作用，学校各项工作开展得如火如荼，全体教师开阔了视野，增强了实干能力。党员的模范表率起了决定性作用，促使党建工作与常规教育教学融合共建。同时，不断吸收新鲜血液进入党组织，将优秀青年教师、学科带头人、骨干教师、教学能手等培养成党组织的新生力量，把党员教师培养成教育教学管理骨干，使学校党建工作与教育教学工作和谐、统一、双赢，以求真务实的工作作风，创新学校党建与教育工作的新局面。

党建引领促教育，幸福护航促成长
——陇县固关镇小教党支部党建活动案例

宝鸡市陇县固关镇民族中心小学　豆春辉

百年大计，教育为本；教育大计，教师为本。2022年4月25日，习近平总书记在中国人民大学考察时指出："老师应该有言为士则、行为世范的自觉，不断提高自身道德修养，以模范行为影响和带动学生，做学生为学、为事、为人的大先生，成为被社会尊重的楷模，成为世人效法的榜样。"学习贯彻习近平总书记重要讲话精神，要努力造就一批立德树人的"大先生"，激励广大教师争做青年学生的"道德之师""文章之师"。

一、基本情况

陇县固关镇小教党支部所辖 2 所小学和 1 所公办幼儿园，在职教师 32 名，学生 487 名，党员教师 7 名。近年来，我们以"成人+成才"为育人目标，以"让学生拥有自信的教育生活"为办学目标，教师"敬业、严谨、善导"，学生"文明、守纪、乐学、上进"，辖区学校设施完善、教学质量上乘、有着极好的口碑和影响力。

二、案例背景

在全面落实新课程标准的大背景下，教育教学改革也在不断摸索中前行。我们党支部认真贯彻落实党的教育方针，结合实际，以幸福教育为抓手，充分发挥党支部的引领作用和党员的模范带头作用，提出并确定了以"幸福教育"为核心理念的办学思想，把"感受幸福教育"作为统领学校各项工作的精神之魂，落实到学校的各项工作中。现在的小学教育，始终没有真正摆脱应试教育的束缚和负重，无论是学校还是教师都不得不在应试教育的功利性目标与素质教育的革新理念矛盾中周旋，面临着来自社会、家长以及学校自身改革发展所带来的种种压力，很多老师普遍感到心理负担和职业负荷过重，职业幸福感下降，职业倦怠问题十分突出。所以采取什么措施来提升教师的幸福感和价值感，是学校管理的重要任务，也是学校党组织建设的重要工作。

三、主要做法

1. 依托红色教育资源，拓宽学习途径，筑牢"学"的基础

（1）下发习近平总书记系列重要讲话摘编，组织全校党员干部认真开展党内法规、党章、党的二十大精神学习教育等活动的学习讨论，并撰写心得体会。

（2）结合建党内容，组织开展学习党章和党的二十大精神、观看专题纪录片《永远在路上》等优秀爱国主义影片、党支部书记上主题党课。开展固关战斗遗址、陇县档案馆主题党日系列活动。

（3）认真学习习近平总书记系列重要讲话精神，特别是习近平总书记来陕考察重要讲话精神，统一思想、凝心聚力，指导工作，推动发展。

2. 挖掘红色教育底蕴，筑牢"做"的关键

党支部通过对幸福教育的实践与探索，改变教师教育方式，改变学生学习方式，提升教师专业素养，提高学生综合素质，让幸福教育理念深入人心，使学校在新起点上实现素质教育新跨越。如今，幸福教育已在固关镇小学这片沃土上深深扎根。

（1）以幸福教育为突破，与时俱进、开拓创新的和谐校园正在蓬勃发展。组织党员和全体教师采取集中学习和自学等多种形式，开展了"幸福教育，幸福学习"等活动，利用专家讲座、组织专题讨论等，使党员、教师在思想上对"什么是教师的幸福生活"有了新的认识。在此基础上，组织党员积极开展各种幸福体验活动，如通过观看爱国影片体验幸福生活等。

（2）党支部坚持定期与教师谈话、谈心制度，经常保持与教师的交流和沟通，倾听他们的呼声，了解他们的需求，听取他们的意见，进行换位思考，想教师之所想、急教师之所急，让他们感受到与领导没有距离感，处处弥漫着浓浓的友情和亲情，及时对教师思想状况调查分析，及时了解教师在思想、工作和生活中遇到的困难和问题，为教师解疑难、办实事，提升教师职业幸福感。

3. 积极建设学校制度文化，找到教师职业幸福感的"起始点"

我们从教师的基本需求出发，那就是党员教师必须要做好本职工作，并且在做好本职工作中起先锋模范作用。他们的奉献精神成为全体教师学习的榜样。在党员教师的引领下，全校上下形成了"多一份任务、多一份贡献、多一份光荣"的工作习惯，营造了一种"工作着、拼搏着、快乐着"的工作、生活氛围。

（1）如果一个学校的教师只知道埋头工作，不开展活动，就像一潭死水没有活力，也就没有了幸福感。党支部统筹安排，党员代表带领教师开展健身活动，锻炼身体，缓解教师工作压力，增强凝聚力。组织开展小型多样体育活动，成立了跳绳组、羽毛球组、乒乓球组、健身操组，丰富了教师的课余生活，让教师感受到集体的温暖，感受到劳累的工作之外的那份轻松和愉悦，有利于全身心地投入工作之中，提升教师职业幸福感。

（2）创新工作形式，开展各项幸福活动。为了提升教师的自身素养，减轻教师过重的精神压力和工作压力，党支部每学年都安排活动时间，组织教师外出参观考察和举行校内外联谊活动，拓宽教师视野和生活空间，让教师在忙碌中有充实感，在充实中有幸福感。

四、体会启示

（1）取得的成就。通过开展"幸福教育"活动，教育教学质量不断提升，师资队伍建设迈上新台阶，学校育人环境日新月异，教育事业呈现出学生想学、爱学，家长支持认可，老师用心教、用爱教的良好局面。

（2）主要启示。"幸福教育"使学校的校风、班风、学风明显好转，学生互助互学、教师团结进取蔚然成风，师生关系和谐融洽，受到社会各界的高度评价，家长群众对学校的满意度越来越高，对学校越来越关心，对教师越来越尊重。和谐快乐的校园文化进一步彰显，在教育的思考与实践中，不仅学生的学习更加主动、积极，在学生的管理方面老师也得到了解放。以人为本的管理文化，以小组合作学习为主要特征的课堂文化，以德为先、德才兼备的教师文化，以弘扬社会主义核心价值观为主要内容的环境文化进一步得到彰显，成为学校的办学特色。

服务师生零距离

榆林市绥德县第三小学　刘晶晶

随着基础教育新课程改革的不断深入,德育与智育的关系越来越微妙,一方面教育基础改革倡导素质教育,另一方面高考的指挥棒给了师生、家长巨大的压力,素质教育、德育在学校的教育工作中只流于表面,出现了师生、家长重语数、轻技能的现象,学生的思想令人担忧,为此学校党支部开展了"德育共建班级"活动,具体如下。

一、组建共建领导小组,合理安排共建班级中的党员与教师

学校现有教职工89人,教学班级24个,针对支部情况,学校合理安排领导小组和每个德育班级共建教师。

1. 成立共建领导小组

成立以校党支部书记、校长为组长,3个副校长为副组长,校办公室主任、政教处主任、教科室主任及党员为成员的活动领导小组,明确任务,形成层层负责的网络制度。

2. 合理安排共建教师

根据党支部的情况,学校安排每个校级领导挂一个年级,每一个党员挂一个班级,与班级中的语、数教师一起服务班级、服务学生。同时科学调配班级中的人员,做到每个德育班级中语、数、技能教师各一名,做到重德育,亦重智育。

3. 加强学习,提高服务意识

德育共建班级活动开展以来,党员以小组学习、集体学习等方式,先后

学习了《教师法》、新《教师职业道德》《习近平关于党的群众路线教育实践活动论述摘编》《焦裕禄精神学习读本》等法规及文件资料，加强党员为学校师生服务的意识。

二、走进班级，服务师生零距离

在领导挂年级、党员挂班级的基础上，党支部通过全体党员大会，要求每位领导、党员走进班级，与挂点班级中的师生交流，了解班级情况，并适时与班主任共同完成一次对学生的思想教育活动，参与班级管理。

1. 开展党员"一对一"帮扶活动

学校每一个党员根据所在德育班级的学生情况，与班级学生进行"一对一"的帮扶活动，帮学生解决疑难问题，帮学生进行心理疏导，辅导学生学习，及时引导学生，帮助学生解决生活实际问题。

2. 开展校级领导年级共建活动

6个校级领导与6个年段共建，通过与年级长、教师谈话，听取教师在教学、工作上的需求，了解语、数、技能等学科的内容特点，帮助年段教师做好学生的管理工作，助力学生全面发展。

3. 开展兴趣小组指导活动

学校10个兴趣小组中，每一个兴趣小组都安排一名党员教师指导小组的活动，并充分利用课余时间，组织兴趣小组的学生学习、竞赛，促进学生技能的提高，同时丰富学生的业余生活。

4. 开展德育共建评估督导工作

日常的德育共建工作由政教处进行细化成文，并由校级领导分管督导检查工作。平时，德育抽查工作由周值日的校级领导进行检查、审核、登记，并进行公示，以此为动力，促进学生日常行为的规范化。在期末，将德育共建班级的落实效果与班级德育共建教师的考核挂钩，促进了党员服务学校师生的工作积极性，为学生的思想教育工作提供服务平台，促进了学校的德育工作。

5. 开展"党员先锋岗""党员示范岗""党员责任岗"等争创活动

以党员德育管理岗、党员班主任为标杆，树立德育典型。政教处主任张慧莲同志率先垂范，与挂点班级开展安全教育、法制教育活动，协助班主任做好德育工作。党员班主任作为示范，带领其他教师开展班级管理活动，以点带面带动全校德育工作蓬勃开展。争创活动的开展，增强了广大党员的大局意识、责任意识、服务意识，促进工作作风整体好转。

三、活动效果

学校党支部始终以学校的德育工作为重点，牢固树立"为师生服务零距离"的思想，将党支部的活动与学校的德育共建班级工作紧密地联系在一起，注重教师、学生的需求，提高学生的品质，重视学生的技能。活动以来，校党支部访谈教师50余人次，共收集了30条建议；各位党员与24个教学班级的学生访谈，教师访谈学生共400余人次。同时，学校党支部高度重视，认真召开专题研究会，目前已解决了1个问题，即建好了新教学楼的墙裙，消除了安全隐患，美化了育人环境。其余的问题正在逐步解决中。

四、经验启示

通过活动，学校党支部在引导全体党员参与德育建设活动的过程中，深刻地认识到德育工作的艰难，更加体会到走进学生、走进班级与学生零距离接触的重要性。好的习惯，将伴随孩子一生，党员只有通过与师生零距离的接触和服务，才能真正解决实际存在的问题，从而促进学校的党建工作和德育工作。

关于加强党建和业务工作深度融合的实践与思考

汉中市勉县九冶小学　吴永秀

党建工作是学校工作得以发展的核心动力。只有处理好业务工作与党建工作之间的关系，坚持这两项工作共同谋划、部署、落实、检查，才能将党建工作的价值和作用充分发挥出来，引领学校高质量发展。几年来，结合学校工作实际，我校党支部对党建工作与业务工作融合发展进行了积极有益的探索，取得了一些成效。现将我支部的相关做法与思考在此与各位领导、同行商榷，不当之处，请批评指正。

一、党建和业务融合的实践探索

1. 创特色、树品牌，狠抓党建，为业务发展夯实政治根基

党建工作是一切工作的政治基础和政治前提。学校党支部深刻认识到加强党建工作的重要性和紧迫性，将党建工作作为学校工作的首要任务，狠抓党建，将党建做实、做强，厚植、夯实教育教学发展的根基。

九冶小学党建品牌创建活动，重点突出"素质+特长"特色，发挥自身优势，本着"提升质量，突出特色、办人民满意教育，让党旗高高飘扬"的品牌理念，在提升教育教学质量的基础上，以"校园足球"和"校园文艺"促进学校的发展。创建学习型党组织、争做学习型教师；提倡精益求精、追求卓越，建人民满意学校，育人民满意学生；让学生"在兴趣中成长，在快乐中创新"。引导党员教师争当"爱岗敬业"先锋，通过"系列活动"实现"优质教育，特长特色"办学目标。"多彩校园党旗红"的党建品牌，有效

发挥了党员的先锋模范作用，形成"一名党员一面旗帜"，提高了全体教师的责任意识和奉献意识，基本实现了"建人民满意学校，育人民满意学生"的目标。

2018年，我校党支部被教体局机关党委评为"先进基层党组织"；2019年，支部被评定为"三星党支部"；2022年，支部被评为"四星党支部"及"双培养"工作先进单位。随着去年"五星创建、双强争优"活动的开展，支部通过阵地建设、机制保障、氛围营造，让每位党员干部目之所见、手之所触、心之所向都是党建，对党建在思想上主动亲近、行动上积极参与，党建质量明显提高。

2. 加强人才队伍建设，使党建为学校业务发展汇聚政治动力

（1）加强师资队伍建设，实施"质量提升工程"。

实施党支部书记"双带头人"（党建带头人、学术带头人）培育工程，加大党支部书记对党务工作者的培养培训力度，提高工作能力和工作质量。对教师党员和骨干教师这两个先进群体实施双向培养，把党员培养成教育骨干、把骨干教师培养成党员。统筹党建服务功能，进一步加强教师与家长的沟通，密切学校与家庭、社会的联系，完善学校、家庭、社会三位一体的教育网络。统筹党建示范功能，组织党员教师积极开展"亮身份、亮承诺、亮职责，争当教书育人先锋"的主题活动，落实党员教师先锋岗示范岗责任区，深入开展"党员教师对标争先""党员教师岗位练兵""党员教师技能比武"等活动，着力打造党员教师高效课堂，不断提高党员教师的教学能力和工作能力，从而推动学校教育教学质量的不断提升。学校领导班子成员齐抓共改，狠抓质量提升。

支部书记陆建军多次对学校老师进行思政课培训，并组织校内思政课大练兵活动，推出的选手参加县上组织的片区大练兵活动，先后获得"县级精品课""县级优课"等；组织的各学科赛教活动，支部书记、副书记都亲自参与听、评课活动。近两三年来，"双培养"工作取得可喜成果。2021年，党员教师朱琳被培养为英语学科"市级学科带头人"，杨健老师被评为语文学科的"市教学能手"，汤莎老师被评为数学学科"县教学能手"，李甲老师被勉县教研室聘为"小学科学学科建设与教师发展指导基地学科负责人",2022 年,李甲老师被评为"勉县学科基地先进个人",李娇老师被评为语文学科"勉县教学能手",许黎老师被评为信息技术学科"勉县教学能手"。经培养考察,2022 年,汤莎老师被确定为发展对象,李甲老师已确定为入党积极分子,许黎同志已被列为入党培养对象,骨干教师万爱婷、杨帆同志经组织培养,已转正。

（2）加强群团组织建设,实施"主题教育工程"。

充分发挥学校党组织、校工会、德育处、少先队的育人功能,建立健全党组织主导,书记、校长负责,群团组织参与,家校社会联动的"党建＋育人"工作机制,大力传承和弘扬中华优秀传统文化和传统美德,积极培育和践行社会主义核心价值观。努力实现"一校一特色,一校一品牌"的目标。开展丰富多彩的主题活动,如德育处每年组织举行一年级家长会和六年级感恩教育毕业典礼；少先队组织开展经典诗词晨诵活动,利用主题班（队）会、国旗下讲话、思政课等对学生进行思想品德教育。三月,开展"学雷锋师德师风演讲比赛",开展以"弘扬雷锋精神,创建文明城市"为主题的志愿服务活动,组织党员教师和少先队员走进社区打扫卫生、慰问敬老院的老人；国庆节前,组织师生进行红色书画展示；清明节前后,党支部组织党员前往勉县烈士陵园缅怀革命先烈刘彩凤；7 月 1 日,组织党员参观华阳镇红二十五军司令部旧址、川陕革命根据地等红色基地,开展庆"七一"党员干部红色诗词朗诵、党员重温入党誓词及"千人大合唱"等活动。工会组织教职工越野赛及书画展示。这一系列活动使党员提高了党性修养,也使学生受到了爱党、爱国教育。

（3）加强服务载体建设,实施"关心关爱工程"。

党员带头做好校内结对帮扶工作。党支部大力推进结对帮扶工作,对留守儿童、单亲儿童、残疾儿童等弱势群体进行帮扶。开展"关爱留守儿童"活动。学校坚持集聚各方面的力量,全面打造关爱留守儿童服务体系,建立规范的留守儿童信息档案库,为活动的开展打下坚实基础。健全队伍,开设留守儿童看护中心室,努力开展关爱服务。组织广泛开展"爱与你同行"活动，发挥学校党支部、少先队集体的作用，通过开展"圆微心愿献爱心"、读书分享会、端午节包粽子等活动，鼓励、帮助留守儿童形成健全的心理品格，树立人生自信，并注重对留守儿童和建档立卡学生等弱势群体的心理健康教育。为创建和谐校园打下了坚实基础。

二、党建工作与业务工作密切相关

1. 围绕业务工作来丰富党建工作

如果在开展党建工作时没有结合业务工作，就会导致党建工作脱离实际，无法将自身的价值充分发挥出来，因此一定要围绕业务工作来丰富党建工作内容。党组织要通过有效载体和形式，在业务工作开展的各阶段组织开展党建活动。党建活动的形式除了学习传达相关文件精神之外，还可通过业务载体对学校活动形式进行丰富，如可结合业务工作进行主题党日活动的开展、党员示范岗实践活动的开展。要加强与业务党员干部之间的沟通交流，对其党建工作进行了解，之后再有针对性地开展党建活动。此外，要增强业务人员与党建人员的沟通交流，可根据实际情况开展行政体验活动、业务体验活动和党建体验活动，促进党建人员与业务人员的深入理解，通过展开交流，使他们在具体工作中学会从彼此角度出发，共同创新党建工作与业务工作新局面。要积极鼓励业务人员参与党建活动，这样才能确保党建工作切实落实下去，将其指导引领作用充分发挥出来。

2. 明定位、重融合，狠抓党建为业务发展注入政治灵魂

只有围绕中心、建设队伍、服务群众，才能推动党建和业务深度融合，党建工作才能找准定位。学校党支部始终坚持这一重要遵循，把党建工作牢牢嵌入业务之中，以党建带动业务开展，以业务检验党建质效，坚决克服和解决党建、业务"两张皮"问题，为业务发展注入灵魂，为党建工作注入更为持久的生命力与活力。

3. 争先锋、作表率，狠抓党建为业务发展提供政治保障

党的建设工作，说到底是做人的思想工作。在党建工作中，支部深刻理解党建工作的本质内涵，通过党建工作的高质高效开展，使党支部的战斗堡

垒作用和党员的先锋模范作用得到充分发挥。一是把党建与人才培养结合起来，明确要求，担任中层正职要求先入党，以鲜明的用人导向推动业务与党建的有机统一；二是各部门负责人切实履行"一岗双责"，既抓业务，又抓党建，加强对部门内党员的监督、管理，做到同党支部各负其责、密切配合，形成抓党建工作的最大合力；三是党支部积极履行党建专责，进一步完善党建档案，将每个人的学习笔记、心得体会和组织生活会上的发言材料等存入档案，作为个人选拔任用的重要参考，激励党员干部在工作中勇担当、作奉献。

4. 加强对党务工作人员的业务培训，提高其业务水平

如果业务人员对于党务工作不够熟悉，党员干部对于业务内容不够了解，那么就无法准确把握这两项工作融合的落脚点，所以一定要加强业务、党务融合人才队伍建设工作，引入同时具备业务能力和党建工作能力的人才，还要建立业务人员、党建人员沟通交流机制，单位领导与党务干部之间也要积极进行沟通交流。加强对党务干部的教育培训工作，尤其是业务方面的培训，增强其专业能力、业务水平以及政治综合素养，打造一批高素质的党建队伍，这样才能对教职工起到良好的带头作用，确保学校发展战略的有序推行。

三、党建和业务融合工作中存在的不足之处及改进措施

学校党支部在党建与业务融合工作中做了一些有益的探讨，取得了一些成绩，但仍存在一些不足。一是部分党员的创造力、凝聚力、战斗力的发挥还不够充分；二是岗位技能培训和练兵活动的开展还不够完全到位，个别党员对正确处理党建和业务工作深度融合的认识还有待进一步提高。另外，党务工作者平时兼职过多，很难做到同时兼顾，思想上无形中会产生重业务、轻党建的倾向。下一步工作中，要把党建工作摆在头等位置，增强抓党建工作的政治自觉，落实"一岗双责"，坚决杜绝党建和业务"两张皮"现象。总之，我校党支部还要进一步探索党建与业务深度融合的策略，使党建引领推动业务发展取得更大成效。

2023年"一校一品"工作开展案例

延安市志丹县杏河镇中心小学党支部　尚志春

杏河中心小学以"立德树人"为根本，结合我校"读好书佳作，树美德良行"为主题的一校一品党建品牌，积极打造书香校园，将党建工作和学校教学工作紧密结合，充分发挥党建引领教学、服务教学作用。

2023年4月，在校党支部的精心组织下，以班级为单位，举行了以"阅读与我同行，书香伴我成长"为主题的读书月系列活动。各班以此为契机，开展了不同形式的培养读书好习惯的活动。这些活动的开展，激发了学生的读书兴趣，培养了学生爱读书、乐读书、读好书的良好习惯，同时也检验了我校"双减"工作的落实情况。

一年级举办"我是小小故事王""趣味童谣"故事会暨朗诵比赛，二年级开展"书香氤氲，徜徉书海，读书沙龙，徜徉校园"读书沙龙活动，三年级开展"阅读点亮智慧，书香润泽心灵"读书心得交流会，四年级开展"勤采勤酿，散发墨香"读书分享活动，五年级开展"爱读书，读好书，读书好"读书交流分享会，六年级开展"书香润心灵，雅言溢校园"读书分享会暨经典诵读比赛。

同学们各展风采，他们用最纯真的语言，讲述着自己喜欢读的故事，他们将自己最真实的感动分享给大家，引起了心灵的共鸣。品味经典之智，感受语言之趣，师生们在一次次交流与分享中共同体验着中华文化独有的魅力，感受着思想与灵魂的升华。

读书分享会、读书心得交流、师生共读、亲子阅读、经典诗文诵读比赛等丰富多彩的活动，既培养了学生爱读书、乐读书、读好书的习惯，又让师生真实感受了"双减"下的学习成果。本次读书交流会活动不仅为学生搭建了一个充分展示自我、表现自我、分享交流读书经验的舞台，还进一步激发了同学们的读书兴趣和热情，养成了热爱书籍、博览群书的好习惯。同学们在读书实践活动中树立了理想，陶冶了情操，获取了真知。

围绕教学抓党建，抓好党建促教学

咸阳市旬邑县底庙镇中心小学　王景华

近年来，底庙镇中心小学坚持"围绕教学抓党建，抓好党建促教学"的思路，结合立德树人根本任务，大力开展党建工作，助推学校教学质量大幅度提升。

学校通过强化政治引领、创新党建方法、擦亮党建品牌等方式，有效推动党建工作全面提升，促进教育高质量发展。2022年，底庙镇中心小学在全县质量检测评比中名列塬区学校前列。

近几年，底庙镇中心小学相继获得"乡村振兴先进单位""教育教学质量先进单位""教育宣传先进单位"等荣誉称号。该校在较短时间内凭借取得的教学管理成果由一所偏远山区普通学校超越塬区名校，充分展示了抓党建促教学的喜人成绩。

一、主要做法

1. 以党风带教风，以党性铸师魂

学校将政治理论学习作为党员教师的必修课，加强党员教育管理，规范组织生活，促使党员教师进一步坚定理想信念、增强"四个意识"，提升自身素养。党员教师争做师德师风建设的带头人，以自己的实际行动带动广大教职工，以争当先进为荣，进而带动校风学风全面好转。该校一名党员教师怀孕在身，却主动要求担任两个班的数学教学任务，从没请过一天假，临产前一天还在坚持上班。产后有人问她为什么不提前请几天假，以确保安全、减少辛苦，她说："真的不忍心耽误孩子们的学习，学校教师不足，学校调

课很不容易。"她朴实的话语体现了一个党员的本色担当。在她的影响下，学校老师轻易不请事假。

2. 以"党建+帮扶"为抓手，引领学校教学长足发展

近两年来，底庙镇中心小学以党员教师为主力军，积极开展创先争优讲课比赛、课题研究以及"青蓝工程"等教学科研活动，取得了明显成效。学校10个党员在期末测评中，获奖率达90%以上。党员教师张虎同志结对帮扶师向娟同志参加县级教学能手讲课比赛并获奖。党员教师先静妮多次送教下乡，长年结对帮扶房家小学美术课教学。2022年，学校党员教师与五类贫困生进行结对帮扶，通过经济上帮助、心理上辅导、生活上关心、学习上"开小灶"等关爱措施，增强了孩子们的自信心，提高了他们的学习热情和学习成绩，潜能生的转化率达100%。此举稳步提升了学校教学质量，也是该校成功逆袭上位的重要因素。

3. 建立健全"双培养"机制

针对教育教学工作的特点，学校实施在骨干教师中发展党员和把党员培养成骨干教师的"双培养"机制，充分提高党员队伍素质，改善党员队伍结构，不断深化学校教育教学改革，不断提高学校教育教学水平。近年来，学校向党组织靠拢的优秀老师越来越多，党员的先锋模范作用进一步得到发挥。

二、几点启示

1. 党建工作要强化政治引领

要把坚持党的领导放在首位，注重思想政治建设，把党建工作融入教育教学各项工作之中，党组织要结合学校自身特点，创新工作方式方法，帮助学校展示行业风采，引导学校发挥独特优势，搭建党建服务师生、服务教学的各种活动平台。

2. 党建工作要强化服务理念

要牢固树立党建即服务、教育即服务的理念，要将学校党建工作融入学校的中心任务，找准党建工作与教育教学工作的结合点，要围绕教育抓党建，抓好党建促发展，精准定位，主动作为，立足服务，不断提高学校党建工作的融入度和贡献率。

3. 党建工作要与教学工作深度融合

如果党建工作与教学工作脱节，那么在工作中就会出现互相掣肘、互相影响的局面。如果党建工作离开了教学工作，那么党建工作就是无源之水、无本之木。只有将党建工作融入教学管理工作和教学活动之中，才会出现寓教于乐、事半功倍的效果，党建工作和教学工作才能互相促进、相得益彰，党建工作的作用才能充分发挥。

参观红色圣地，追寻革命精神

商洛市山阳县城区第一小学　吴　霞

习近平总书记强调："红色基因就是要传承。中华民族从站起来、富起来到强起来，经历了多少坎坷，创造了多少奇迹，要让后代牢记，我们要不忘初心，永远不可迷失了方向和道路。"

在纪念中国共产党成立98周年之际，为了进一步增强学校党支部的凝聚力，激发党员教师的工作热情，引导党员教师坚定理想信念，努力教书育人，继续践行"辛勤耕耘育桃李，甘之如饴为人梯"的奉献精神，助推学校各项工作科学发展，2019年6月29日至6月30日，山阳县城区第一小学党员教师20余人，在学校党支部的领导下，赴延安市开展了"参观红色圣地，追寻革命精神"主题教育活动。

一、筑牢"学"的基础：依托红色教育资源，拓宽学习途径

在学校党支部的精心组织和安排下，我们去革命圣地延安进行党员教师思想政治教育培训学习。赴延安参观学习紧张有序，大家先后前往梁家河、延安革命纪念馆、王家坪、杨家岭、枣园革命旧址等红色革命教育基地，通过讲解员讲解、实地探访、亲身体验等形式，追忆革命历史，学习延安精神，促使大家在学习中思考，在实践中感悟，在工作中升华。

在梁家河，我们参观了梁家河村史馆、知青窑洞，了解知青在梁家河走过的激情岁月，熟悉了习总书记在梁家河艰苦奋斗的七年知青岁月，我们感受到了习总书记扎根基层、一心为民、实干担当、敢为人先，带领群众战天斗地、与饥饿和贫困顽强抗争、帮助村民改善生活条件的共产党人情怀。

在延安革命纪念馆，通过讲解员的引导，深刻了解了党中央在延安 13 年的光辉历程，我们的脑海里浮现出革命前辈们在延安领导中国革命的光辉岁月，感受到革命前辈浴血奋战的情景，感悟了"穷山沟里如何打江山，得民心者得天下"的革命道理。

在王家坪、杨家岭、枣园革命旧址，我们参观了中央大礼堂、毛泽东等中央领导人旧居、中共中央书记处办公室等。简陋的床、小油灯、纺线机等陈列品，使我们看到了党中央当年工作条件的艰苦，而革命精神却是何等的坚定、顽强，似乎要把艰苦奋斗的革命精神永远定格在这些带有五角星标志的窑洞里。作为一名人民教师，我们必须继续坚持把全心全意为人民服务的宗旨贯彻落实到日常教育教学工作的始终，要以立德树人为根本，培育祖国未来接班人，还要不断提升学校的办学理念和教师的素质，为创办山阳一流小学而不懈奋斗。

二、筑牢"做"的关键：挖掘红色教育底蕴，开展实践活动

面向鲜红党旗，党支部副书记章长军带领全体党员重温入党誓词，进一步坚定党性，永远跟党走；号召我们共同学习梁家河人艰苦奋斗、实干创新的精神。在返程路上，大家对参加此次学习活动的心得体会进行了现场交流与分享，并表示一定会牢记革命历史，把延安精神落实到工作实践中，进一步提高业务素养和工作能力，为城区一小的阳光教育和追赶超越做出自己的贡献，为建设美丽新山阳增添智慧和传播正能量。

三、助推教育的重点：弘扬延安精神，"学""做"合一

伟大的时代孕育伟大的精神，伟大的精神成就伟大的业绩。延安精神是指在抗日战争时期和解放战争时期，中国共产党在延安这一革命根据地形成和培育的一种精神风貌和思想理论体系，是中华民族团结统一、爱好和平、勤劳勇敢、自强不息的民族精神的崭新表现。在艰苦卓绝的环境中，中国革命的星星之火，之所以得以熊熊燃烧，归根结底得益于延安革命摇篮里培育出来的延安精神。延安时期是我们党在中国局部地区建立人民政权并不断扩

大执政区域的重要时期。我们党历来把为中国最广大人民谋利益作为自己的根本宗旨,在延安时期又响亮地提出了"为人民服务"的口号,并在全党认真实践。那时的陕甘宁边区政府,被誉为"民主的政治,廉洁的政府"。当年驻延安的美军观察组成员说:"这里不存在铺张粉饰和礼节俗套,没有乞丐,也没有令人绝望的贫困现象,人们的衣着和生活都很俭朴,人民之间的关系是坦诚、直率和友好的。这里也没有贴身保镖、宪兵和重庆官僚阶层的哗众取宠的夸夸其谈。"中国共产党就是以对人民的无限忠诚赢得了人民的拥护和支持。通过两天的学习培训和思考交流,我们深刻感受到:

1. 要认真学习延安精神

延安精神就是我党艰苦奋斗的精神,理论联系实际、不断开拓创新的精神,以及实事求是的精神。它不仅是我们共产党人的传家宝,而且是中华民族宝贵的精神财富。在延安时期,中共中央和毛泽东等老一辈无产阶级革命家领导和指挥了抗日战争和解放战争并取得了胜利,奠定了新中国的坚固基石,党在延安铸造的抗大精神、南泥湾精神、白求恩精神以及知青精神,是延安精神的原形和体现,也是我们现在所需的精神食粮。

2. 要珍惜当前来之不易的大好形势,努力工作

延安时期共产党人面临的困难很多,不仅要面对艰难的形势、困难的生活,同时还要在党的事业与家庭、亲人甚至生命之间进行抉择。正是因为共产党人怀揣着实现国家和民族伟大复兴的崇高理想,所以才能坚定信念、前赴后继,不计个人得失,在困难的环境下,依然义无反顾投身于国家和人民的解放事业中。在今天这样优越的环境中,我们更应该体会到幸福生活的来之不易,更应该在自己的工作岗位上努力做好本职工作。

3. 立足本职,从我做起

不论是职能工作,还是教学部门的工作,虽然各有特点、各有侧重,但都要转变工作作风,顺应时势要求,紧紧围绕学校的中心工作,建章立制,高效率开展工作。只有这样,将我校办成名校的目标才会顺利实现。

4. 领导带头,狠抓落实

学校党支部书记和校长,一定要以身作则,廉洁自律,严格贯彻执行

《落实中央八项规定精神的若干规定》，切实担负起率领全校全面从严治党和落实中央八项规定精神的主体责任和监督责任。要带头投身到"两学一做"的教育实践活动中去，既作为部门活动的组织者，推动此次活动，又要作为活动的重点教育对象，放下身段，真诚虚心地听取全校教职工的建议和批评，带头查摆问题，带头开展批评与自我批评，带头整改落实，把实践教育活动落在实处、落在行动上。在今后的工作中，更加公平办事，吃苦在前、享受在后，勤奋踏实地开展工作。在管理工作中采取换位思考、开诚布公、坦诚相见的方式，变管理为心灵沟通，让师生暖心、职工舒心，开创学校各项工作的新局面。

四、收获和体会

通过这次红色之旅，我们感受到了中国共产党人在延安及每孔窑洞里面所延伸出来的奋斗足迹，这极大地震撼了我们的思想及心灵，让我们对延安精神的内涵有了更加深刻的领会。

（1）我们今天的幸福生活，都是革命前辈抛头颅洒热血、不畏牺牲换来的，我们要牢牢记住革命前辈的谆谆教诲和无私奉献，时刻保持警惕，不可骄纵自满，不能放松懈怠，要保持进取，坚守岗位。

（2）我们要保持一颗进取之心，面对艰难困苦，要砥砺前行，绝不放弃。在平常的工作生活中要恪尽职守，永远坚守在自己的岗位上，在平凡的岗位作出不平凡的成绩。

（3）我们要加强学习理论知识，提高专业技能。理论学习是基础，只有扎实地学好理论、打好基础，才能更好地领悟党中央的决策，才能升华自己的精神世界，树立崇高的理想。同时，专业技能的提高，需要我们不断钻研教材，上好每一节课，既教书又育人，使学生在德、智、体、美、劳等方面都有所发展。

（4）锐意进取，勇担责任。在今后的工作生活中，我们一小全体教职工将会继续努力，勇于担当，为一小的蓬勃发展贡献自己的一份力量。

抓党建促脱贫工作案例

西安市鄠邑区余下中心学校　杨知亭

扶贫攻坚是党中央的战略部署，是我党治国理政的重大决策，也是全面实现小康社会的重要保证，更是党员干部义不容辞的责任。上半年，学校党支部按照区教科局的要求，抓党建促脱贫，扎实推进教育精准扶贫，为坚决打赢教育脱贫攻坚战贡献力量。

一、认真学习扶贫重要精神，提高认识

从年初开始，学校党支部便经常组织党员和教师认真学习习近平总书记关于扶贫工作的系列重要讲话精神和中省市县关于打赢脱贫攻坚战的决策部署，认真学习区教育局关于开展精准扶贫结对帮扶工作和抓党建促脱贫工作等相关文件，统一思想，提高认识，积极主动地投入精准扶贫工作。

二、切实做好联户帮扶，激发内生动力

按照区教科局的统一安排，党支部杨知亭、王海、唐洁、杨聪颖、王曼等几位同志承担着联户结对帮扶任务。这几位同志在加班加点干好学校日常教学管理工作的同时，风雨无阻，每周的帮扶日都认真按时到联户结对帮扶的贫困户家中，给他们送去日常生活用品，为他们解决困难问题，主动寻找脱贫致富新路子，帮助其落实相关扶持政策，努力激发贫困户的内生动力，确保他们按时脱贫，同全国人民一道过上幸福的小康生活。

三、扎实开展教育扶贫工作，对困难学生的资助做到应享尽享

教育是民生工程，坚决打赢教育脱贫攻坚战是我们全体教育工作者当前最重要的工作。近几年来，在区教科局的正确领导下，我们认真开展了三秦教师一对一帮扶、大家访、送教上门、脱贫学生资助等教育扶贫工作。

每年1月中旬、4月下旬，我们分两次开展教师大家访活动。全体教师在校（园）领导和党员的带领下，于繁忙的教育教学工作中牺牲休息时间，多次走村入户，深入贫困户家中家访，以对学生资助为重点，广泛深入宣传、全面落实教育精准扶贫学生资助政策，确保贫困家庭子女安心就学，不让一个学生因贫失学，不让一户脱贫户因学返贫。

中心学校根据辖区内建档立卡户子女就读情况，统一协调，各校（园）扎实安排三秦教师一对一结对帮扶工作。我们的党员干部、班主任、任课教师与在本校（园）、本班级就读的贫困户学生结成帮扶对子，以控辍保学为底线，以关爱机制为助推，建立贫困学生、残障学生、留守儿童等特殊困难群体关爱帮扶机制，每周两次的心理、学业帮扶，教师们都尽心尽力，并定期深入家庭看望和激励家长，让他们支持孩子接受良好的教育，不输在人生起跑线上，受到了广大群众和家长的肯定与赞扬。

为巩固控辍保学成果，除层级签订控辍保学目标责任书、扎实开展"控辍保学五个一"活动外，对于辖区内的重度残疾儿童，我们根据孩子的实际状况，和家长共同商讨，选派责任心强、有爱心的老师组成送教小分队，为不能上学的孩子开展送教上门工作。几年来，我们坚持为3名送教上门的残疾孩子一人一案，根据孩子实际和家长意愿，采用每周坚持送营养餐、有效沟通、放音乐、讲故事、康复按摩、知识教学等各种方式开展工作，受到家长好评。

学生资助政策是国家为贫困家庭就学子女提供有效帮扶的政策体系。我校党支部高度重视，每学期均认真开展此项工作。各校（园）能根据实际情况确定人选，并在校园内公示，按期发放资助，对建档立卡家庭子女的资助做到应享尽享。

学校党支部时刻牢记自己的使命与担当，坚持党建推动，引领学校各项工作，同时充分发挥共产党员的先锋模范作用，设立党员示范岗。全体党员坚持干字当头，以干克难，吃苦在前，奉献在先，坚持党员干部、班主任、任课教师与贫困户学生结成帮扶对子，建立贫困学生、残障学生、留守儿童等特殊困难群体关爱帮扶机制，为党旗添彩，为党徽争光。

强化支部"党建+"引领，落实立德树人根本任务

西安市阎良区武屯中心小学　王　权

武屯中心小学党支部现有党员 25 名，支部以习近平新时代中国特色社会主义思想为指导，坚持"围绕教育抓党建，抓好党建促发展"的工作思路，紧密结合学校中心工作，切实加强和改进党的思想建设和组织建设，转变作风，将党建工作充分融入教育教学中心工作之中，形成相互协调、优势互补的工作局面，全面落实立德树人根本任务。

一、项目背景

党的十八大报告把教育放在改善民生和加强社会建设之首，充分体现了党中央对教育事业的高度重视和优先发展教育的坚定决心。报告对教育提出了一系列新要求、新论断，其中"把立德树人作为教育的根本任务"是在党的全国代表大会报告中首次提出，是我党的重大政治宣示，它抓住了教育的本质要求，明确了教育的根本使命，符合教育规律和人才培养规律。

二、主要做法及成效

1. 党建+组织建设

支部高度重视学校党建工作，制定切实可行的支部工作计划，进一步推进党建工作与学校各项工作的融合。在支部活动中，支部书记带头讲党课、破解党员难题，同时要求支委会成员也要带头参加支部活动；经常性开展谈

心谈话，了解并掌握本支部党员思想状况；注重听取党员和群众的意见和建议；落实党员干部学习教育制度、入党积极分子培养制度、党员管理制度等，组织教师节座谈会和民主评议党员会等，充分发挥党组织在学校建设和发展中的政治核心作用。

2. 党建＋师德师风建设

不断加强教师职业道德教育，塑造教师良好形象。把学习《中小学教师职业道德规范》和《中国共产党廉洁自律准则》《中国共产党纪律处分条例》相结合，加强党员教师党性修养和服务学生意识，提升党员教师的人格魅力；把加强学校教风、学风建设和师德师风建设相结合，以党风廉政建设促进师德师风建设。通过开展师德师风演讲、签订师德师风承诺书等形式，积极营造风清气正的教书育人环境。

3. 党建＋"双减"落地

支部组织辖区各校坚持"减负提质"，牢牢抓住"作业管理"和"课后服务"两大主题，助力"双减"落地落实，促进学生全面健康发展。一是根据学校特色和学生学情，利用校内外优质资源，精心安排延时课程，实施"5＋2"延时服务，切实减轻学生课业负担。二是开展形式多样的社团活动，满足学生的个性化发展需求，让课后服务"活"起来。辖区学校结合校情和学生特点开设了丰富的社团活动，如中心小学的绳舞飞扬、竹竿舞、环保解说、书法、经典诵读、戏曲社团，红丰小学的"舞之美"舞蹈社团、"红枫"小戏剧社团等，三义小学的足球、手语操、篮球，御宝小学的泥塑、关中面食制作等。三是深耕课堂教学，组织成立了语文、数学、道法、美术和劳动五个校级"名师＋"研修共同体，通过开展青年教师研究课、骨干教师示范课、市级教学能手送课下校活动、"名校＋"听评课活动等促进教师专业能力提升，提高教学质量。

4. 党建＋课程

（1）思政教育。

将思政教育贯穿于教育教学全过程，为实现全过程育人、全方位育人提供可靠保证。课程教学中注重社会主义核心价值观和习近平新时代中国特色社会主义思想教育。一是教师以课堂教学为载体，选择合适思政教育素材并融入专业知识体系，推动思想政治教育内化于心、外化于行；二是开展"党史进课堂"系列活动，深入推进习近平新时代中国特色社会主义思想和党的十九届六中全会精神进校园、进课堂；三是利用重大节日和校内外优质资源开展主题教育活动，达到德育渗透的作用。

（2）体育教育。

学校倡导健康第一理念，校园田径运动会、"三跳"（跳绳、踢毽子、跳皮筋）运动会、足球联赛已成为学校的常规运动项目，同时辖区各校形成了各具特色的阳光大课间活动：中心小学竹竿舞，红丰小学曳步舞，三义小学舞蹈操，御宝小学三操一拳一舞蹈，等等。学校拍摄的大课间活动竹竿舞、跆拳道、军体拳等视频被及时推送至家长群，家长们纷纷点赞转发，视频受到广泛好评，竹竿舞大课间活动视频被"学习强国"和"阎良教育"公众号等平台宣传报道。

（3）劳动教育。

劳动教育是全面实施素质教育的一个重要内容，也是培养学生团结协作、吃苦耐劳和集体主义精神的有效途径。根据《劳动课程标准》内容，结合地域特色、学校实际、学生特点，选取内容，开展劳动教育活动，如石榴采摘节、"枣儿圆圆，劳动甜甜"劳动实践活动、"劳动美"厨艺大比拼、"快乐种植，收获成长"大蒜种植活动。通过一次又一次的党建和实践活动，不断增强学生的家国情怀、社会责任和担当精神，培养学生的劳动精神，强化他们的劳动意识和习惯，不断提高其创新能力和实践能力。

党建引领促教学，教学提升促发展

汉中市镇巴县大池小学　程开萍

一、背景与起因

学校党建工作是提高教学质量、办好人民满意的教育的根本保证。过去，学校的党建工作往往在过分追求教学成绩的氛围中被忽视，特别是农村小学的党建工作，因重视程度不够，有被弱化的倾向。党建地位的削弱，一定会制约学校教学管理工作的长远发展。如何加强和改进学校党建工作，关系到党的教育方针在农村的顺利贯彻和落实。在这样的背景下，近一两年来学校党支部把党建工作作为加快推进教育教学工作发展的基础环节来抓，努力在党建工作上尝试新办法，寻找学校党建工作与教育教学活动的最佳契合点，真正使学校党组织成为推动教学质量不断提高的坚强后盾。

二、主要做法

1. 加强领导，健全制度，狠抓落实

学校党支部紧密结合教学、德育和安全等多方面工作实际，将党组织建在教育教学管理一线上，切实发挥其政治引导作用。一是把党员的示范引领作用与提升教学质量相结合。实行党员领导包年级责任制，每位党员领导包抓两个年级，对相关年级的教师随堂听课，对薄弱学科随时指导和跟踪听课，负责包抓年级的教育教学质量。通过学科大练兵、党员教师赛教、党员教师不定时上示范课、党员教师与普通教师开展"同课异构"研讨等活动与形式，互相找差距、学优点，共同提升教学水平。二是把党员道德模范作用

与构建和谐校园相结合。学校党支部积极探索建立健全岗位责任制和德育目标管理制度，形成党支部、少先队和班级通力协作、齐抓共管的德育管理网络。认真开展"讲师德、为师表、树正气"评比活动，要求教师依法从教、以德树威，杜绝体罚或变相体罚学生，切实增强教师教书育人的责任感和使命感。在学校党支部和少队部的牵头下，定期组织开展感恩教育、诚信教育、文明礼仪、勤奋努力、尊老爱幼、挫折教育等系列德育教育活动，利用校园广播、国旗下演讲、电子屏宣传等方式，积极引导学生，健康学生心理，净化校园环境。组织少先队员到镇域公众场所，开展"小手拉大手"环境整治活动，让学生亲身体验爱护环境的快乐。党员在这些活动中起到了带头作用，为活动的顺利开展奠实了基础。三是把党员的为民服务意识与平安校园建设相结合。由党支部书记和分管安全的副校长带头，党员中年富力强的党员教师参与，组建"安全巡查小组"，在值周、护学岗、重大活动中主动为师生服务，保护师生安全；同时定期开展"安全大排查活动"，对学校校舍、围墙、体育器材和周边环境全面排查，对安全隐患提出整改意见，并协助学校后勤处整改落实。

2. 构建结对帮扶机制，创新教育教学管理模式

学校党支部积极发挥党员教师和优秀学生的示范带动作用，开展"教育集团"结对帮扶活动，创新教育教学管理模式。一是主动与学区学校交流。学校党支部带头，积极与学区学校党支部结对子，在支部建设、学校发展规划、软硬件建设、教学理念、教育教学改革等方面交流探讨，实现扬长避短、资源共享、共促发展的目标。二是党员教师与普通教师实施"青蓝工程"。党员教师与普通教师结对子，在思想政治上积极引导提升，在业务知识上共同学习进步，在教学技能上共同切磋提高，在工作生活中互相关心鼓励，力争把普通教师培养成骨干教师，把骨干教师培养成党员教师。三是教师对学生"大帮扶"。党员教师与"问题学生"结对子，经常进行家访、留守儿童关爱活动，给他们父母般的关爱，让特殊孩子建立自信，让留守儿童更加理解父母，让每一个孩子都能快乐学习、健康成长。四是教师与家长"常沟通"。结合万名教师大家访、党员教师志愿服务等活动，党员教师与学生家长结对子，通过家访，耐心地与家长沟通、谈心，探讨家庭教育方法，让家长认识到家庭教育对孩子成长的重要性，使家庭成为孩子温暖生活、快乐成长的港湾。五是学生与学生"互关心"，提倡各班组织引导品学兼优的学生与"学困生"结对子，培养品学兼优学生理性包容、乐于助人的品质，促使"学困生"学习成绩和思想品德有所提高。

3. 增强党员教师创先争优意识，完善考核评价机制

结合党员教师"我为群众办实事"实践活动，扎实开展"亮身份、亮职责、亮承诺、比业绩"活动，以个人自评、领导点评、群众测评的方式，增强党员教师创先争优意识，全面提升教师的师德师风和业务技能，巩固和扩大创先争优活动的成果和效应。同时创先争优的业绩将作为党员教师年终评优晋级考核的一项重要指标。

三、成效与启示

1. 党建与教育教学工作紧密结合，学校各项事业全面发展

学校党支部紧密结合教育教学中心任务，创新党建工作模式，充分发挥党组织的政治引导作用和党员教师示范带动作用，对教师素质提升、学生成长成才、学校长远发展以及学校整体形象塑造起到了关键作用，赢得了社会、学生和家长的认可。学校先后获得"先进党支部""重点指标综合考核先进单位"等荣誉称号。

2. 彰显示范作用，教育教学质量稳步提高

近年来，学校党支部以"青蓝工程"结对帮扶活动为载体，构建"优秀主动带头"的教育教学管理新模式，推动学校教育教学质量稳步提升。"双减"政策下，老师们主动改变、积极探索下的作业设计在全县获奖较多，2022年度学校重点指标综合考核位于全县第八，获得"先进单位"荣誉称号。

3. 增强服务意识，教师队伍素质不断提升

党员教师通过立足岗位发挥作用、承诺践诺服务群众，展示党员教师专业形象，增强了党员教师的岗位服务意识，促使学校青年教师成长。

实践证明，办人民满意的教育，改进教育教学管理方式和手段，提高教育教学质量，教师队伍是关键。只有充分发挥党员教师的先锋模范作用，建立党员教师业绩考核评价长效机制，才能有力激发党员教师队伍的活力，充分发挥党员教师队伍的聪明才智，从而在教师队伍中产生辐射带动作用，促使教师队伍不断发展壮大，为实现办人民满意教育塑造一支素质高、能力强的教师队伍，从而真正实现"党建引领促教学，教学提升促发展"。

关注教师职业幸福感

渭南市蒲城县龙池镇教育支部　许新鹏

一、背景与起因

蒲城县龙池镇中心小学地处偏远乡村，由于特殊的经济结构，村里许多学生家长外出打工或者在外种植西瓜，留守儿童较多，更有一部分学生长期生活在托管所，和家长的接触很有限。家庭教育的缺失，导致本校许多学生无论是思想、学习方面还是生活方面，都存在着各种各样的问题。而与此同时，教师也面临着来自社会、家长以及学校自身改革发展所带来的种种压力，教师常年远离家庭，远离自己的孩子、老人，很多老师普遍感到心里负担和职业负荷过重，职业幸福感下降，所以采取什么措施来提升教师幸福感和价值感，是学校管理的重要任务，也是学校党组织建设的重要工作。

二、措施与经过

1. 理论学习与生活实践相结合

（1）学校党委组织党员和全体教师采取集中学习和自学等多种形式，开展了一系列快乐教育活动。组织班主任、任课教师开展专题讨论等，给教师举办趣味运动会、送生日祝福、教师节送温暖等活动，使党员、教师在思想上有了改观。

（2）学校党支部通过定期与教师谈话、谈心的形式，保持与教师的交流和沟通，想教师之所想、急教师之所急，及时了解教师在思想、工作和生活中遇到的困难和问题，给予帮助，提升教师职业幸福感。

2. 建立、健全学校各项规章制度，从教师的幸福感出发

学校从教师的基本需求出发，积极改善和建设学校制度文化，充分尊重和相信教师，使教师获得心理上的认同感和平衡感。在全校实行平行分班机制，让教师有安全感、公平感和信任感。

3. 党员率先垂范，典型示范

学校领导和党员教师发挥模范带头作用，在他们的引领下，大家团结一致向前看，凝心聚力谋发展，全校形成了你追我赶、共同协作的工作生活氛围。

创新工作形式，开展各项幸福活动。党员教师带领全体教师开展了丰富多彩的活动，提升了教师的自身素养。为了减轻教师过重的生活负担和工作压力，党支部每学年安排固定时间，组织教师开展必要的文体活动和外出参观学习活动，调节教师业余生活，拓宽教师视野和生活空间，让教师在忙碌中有充实感，在充实中有幸福感，提升教师职业幸福感。

4. 学校设立家长对接端口

对于个别不配合班主任和任课教师教学工作的家长，学校专门设立对接口和家长联系，负责解释和传达学生的情况，并且上门家访，为老师和家长的有效沟通建立连接。让教师，特别是班主任的教学管理工作无后顾之忧，同时学生的问题也能够得到有效、合理的解决。

三、实践效果

1. 教师和学生积极努力

教师能够更全身心地投入教育教学中，能够以更好的心态和状态去工作，对学生严格管理，对教学认真、负责，校风校貌焕然一新。

2. 校园文化建设得到提高

学校组织开展的各项校园文体活动，活跃了教师和学生的校园生活，各项活动也得到了社会的广泛认可。

3. 青年教师不断成长，成绩喜人

青年教师在此轻松、愉悦的环境下，积极努力地参加各级各类活动。去年的赛教中，我校一名教师获得县级教学能手，其他青年教师也获得了县级以上的奖项。

4. 学生在校更加遵守纪律，用心学习

对于常年缺少家庭教育与关注的学生，老师们有了更多的时间和耐心对他们进行教育，学生的改变也很大，知道讲卫生了，知道感恩了，世界观也更加正确了。

职业的幸福感对教师的人生是很重要的，教师的幸福感又会影响学生，因为只有拥有幸福感的教师，才能把幸福的感觉带给学生。所以我们今后要持续关注教师的幸福感，关注学生的健康成长。

抓党建促教育

杨陵区张家岗小学　吴绒会

一年来，学校党支部紧紧围绕"发展教育抓党建，抓好党建促教育"这个中心，积极落实区局2022年党建工作要点，始终把抓好党建工作作为办学治校的基本功，把做好思想政治工作作为各项工作的生命线，坚守立德树人初心，牢记为党育人为国育才使命，把党的教育方针贯彻到学校教育教学全过程，进一步激活党组织的生命力，努力建设学习型、服务型基层党组织，提高学校党组织凝聚力、战斗力；进一步加强学校领导班子的能力建设、作风建设，不断加强党员队伍和教师队伍建设，提高教师队伍整体素质和教育教学质量。现围绕学校党建工作汇报如下：

一、总体情况

在这一年里，支部积极开展新时代中国特色社会主义理论学习活动，认真组织集中学习和自学。每月组织全体党员集中专题学习2次，不断提高全体党员教师素质。全年集中学习了党章党规党纪基本知识、习近平总书记系列讲话读本、《习近平谈治国理政》（第四卷），关注"学习强国""杨陵党建"等平台最新学习内容，观看《党课开讲啦》节目、《守护者》电影等，筹备上好每季度的党课。根据学校实际情况，组织党员召开了两次专题组织生活会，大家撰写了个人对照检查材料，通过自我反思，深刻剖析工作中的不足，找出自己的差距，增强了全体教职员工爱岗敬业、坚持原则、廉洁从教的自觉性，大家的思想认识和理论水平不断得到提升。

二、主要做法

1. 抓实思想政治建设，筑牢学校党的建设根基

按照"党要管党"的要求，坚持把党建工作摆在重要位置，党支部突出"一个学习引领和两个维护铸魂"工作重点，确保党建工作有序开展。健全学校党建工作的协调组织机构，充分发挥支委及党员在党的思想政治教育工作中的作用。牢固树立抓党建是第一要务思想，提升思想政治素养。

2. 抓牢基层组织建设，努力促进支部提质聚力

认真落实好"三会一课"、组织生活会、民主评议党员、主题党日等组织生活制度，高质量完成党员管理工作，本年度按时完成郭列过、杨艳云、康梁、张晓雪四位同志的预备党员转正，对申请入党的陈亮、朱茜、刘兰芝等同志积极开展培养。切实发挥党员的先锋模范作用，体现"一个党员一面旗帜"的良好风范。不断强化党员规范化管理，打造一支守信念、讲奉献、有本领、重品行的高素质党员队伍。

3. 抓好支部制度建设，健全教育管理长效机制

建立、健全各项规章制度，完善教师考核体系，创建和谐队伍。按照上级要求，积极培养年轻优秀的后备干部队伍，经上级审批，刘兰芝为校长助理；孙萌、门羽为中层助理，努力打造优秀教育人才队伍，优化人才发展，提升专业素养。一是坚持"三会一课"制度。全年进行4次专题党课活动，开展主题党日活动12次。二是坚持民主评议党员制度。学校党支部定期进行民主评议，召开群众座谈会，保证民主评议党员活动取得实效。三是坚持党政领导干部听评课制度。党员、领导干部按照学校的制度要求，认真完成授课和听课、评课任务，为教师做出榜样。

4. 抓严党风廉政建设，全面落实从严治党责任

认真学习《中国共产党党员领导干部廉洁从政若干准则》和《中国共产党纪律处分条例》《厉行勤俭节约、反对铺张浪费重要论述选编》等，切实让廉洁思想入脑入心，切实增强党员干部拒腐防变能力，自觉抵制侵蚀，筑牢心理防线。严格落实"一岗双责"责任制，增强政治意识和大局意识，激励党员干部想干事、能干事、干成事、干好事、不出事，时时事事坚持原则，做到公平、公正、公开，营造务实清廉、风清气正的氛围。不断完善廉政风险防控体系，切实做好廉政风险防控工作。做到三步走：一是继续加强廉政警示教育，切实强化党员干部和教职工的廉洁自律意识；二是持续关注热点难点问题，规范学校办学行为和教师从教行为；三是进一步规范权力运行程序，切实做好政务公开、党务公开、财务公开等重大事项的公开透明，让各项权力在阳光下运行。

5. 抓紧党员队伍建设，发挥党员先锋模范作用

（1）强核心，打造"三型"支部班子。一是加强团结型班子建设。我校充分发挥党内民主，加强班子成员交心谈心活动，自觉开展批评与自我批评，广泛征求改善工作的意见，使班子成员之间既坦诚相待又各抒己见，构成团结、民主、和谐的班子队伍。二是加强学习型班子建设。将学习作为提高本领、改善工作的重要举措，支部班子重点学习党的二十大精神和习近平新时代中国特色社会主义思想，切实提高党政班子政策理论水平和服务群众的本领。三是加强发展型班子建设。坚持用"发展才是硬道理"的思想建设完善班子建设，在新时代教育形势下，前瞻性规划学校的发展，全面提升教书育人的本领。

（2）高标准，提升党员综合素质。按照发挥一个作用（先锋模范作用）、坚持两个在前（吃苦在前，奉献在前）、履行三个服务（为学生服务，为学校服务，为社会服务）和达到四个提高（提高党员形象，提高个人素养，提高专业内涵，提高工作业绩）的要求，以学校"青蓝工程"为依托，在广大党员和教师中开展以老带新传帮带活动，每学期进行学校优秀党员、教学优秀、德育优秀、师德优秀和优秀党务工作者评选、表彰。同时，按照"坚持标准，保证质量，改善结构，慎重发展"的要求，致力于培养青年教师中的入党积极分子，为党员队伍注入新的活力。

6. 抓住日常党建活动，切实提高党建工作水平

围绕"践行教师准则，争做'四有'好老师"主题实践活动，开展作风建设系列教育活动，为学校支部政治生态营造浓厚的氛围，确保学校各项工作的落实，扎实推进课堂改革"1235模式"，为构建社会主义和谐社会贡献力量。

（1）每学年开展一次师德师风承诺活动。积极组织全体教师重温《中小学教师职业道德规范》《新时代中小学教师十项准则》，进一步强化廉洁从教意识，完善师德规范，引导教师树立正确的师德观念。每学期与全体教师签订《师德师风承诺书》，从十个方面进行师德师风承诺。

（2）积极开展师德师风自查活动。结合学校"纪律作风大排查大整改"活动的开展，引导广大党员和全体教师用《党章》和《中小学教师职业道德规范》两面镜子照自己，修订完善支部及党员教师个人纪律作风整改台账，查摆问题与不足，认真做好对照检查，扎实进行整改提高，确保师德师风教育活动取得实效。通过系列活动，加强师德师风教育，强化师德修养，成功组织了"示范区最美教师"评选活动，我校的狄玲老师被提名为"杨凌示范区最美教师"，朱丽娟老师被评为"杨陵区2022年师德标兵"。

7. 抓深政治理论学习，不断提高党员思想素质

（1）坚持读原著、学原文、悟原理。组织党员教师研读《习近平谈治国理政》和习近平总书记的重要讲话，不断提高全体党员教师的理论素养和政治素养。

（2）明确学习重点，提高学习效果。依托"学习强国""陕西先锋""杨陵党建""杨凌发布"等党建微平台开展线上学习，提升学习效果。党的二十大召开之后，组织党员和全体职工认真学习二十大报告，通过讲党课活动宣讲党的二十大精神，在学懂、弄通、做实上下功夫。下半年开展"学习二十大精神""办实事志愿服务"等主题党日活动4次，观看红色电影3部以上，每人撰写参与学习活动的心得体会文章达2篇以上。

（3）开展形式多样的学习教育活动。学校党支部3月初，组织全体党员、教师开展了"青春志愿行，一起向未来"志愿服务活动；6月下旬，开展"暖阳帮扶，情满校园"爱心观影活动；8月组织全体党员教师进行了党纪党规知识测试；10月16日，组织全体党员集中收看党的二十大开幕式，学习贯彻习近平总书记重要指示精神和党中央的的决策部署，提高政治站位意识；11月下旬组织全体党员参加"杨凌先锋"学习宣传党的二十大精神线上答题活动；12月初，党支部的吴绒会同志进行了《学习二十大，深刻领悟教育工作新要求》的专题党课讲座。一年中还观看了警示教育片、感动中国十大人物优秀事迹，观看了《党课开讲啦》等节目。通过一系列教育活动，引领党员教师以饱满的政治热情，自觉把讲政治贯穿到履职尽责的全过程，进而把真理力量升华为信仰定力，把对党的忠诚内化于心、外化于行。

三、存在问题

（1）理论学习还需再加强。我校党员教师身兼数职，日常教学工作繁忙，每月的学习虽然也能进行，但在学懂、弄通、做实上做得不够好，集中学习或开展活动时，经常有党员以各种理由请假的现象，影响了支部学习的参与度，党员的学习意识还需加强，模范先进性体现得还不够明显，思想觉悟还有待提高。

（2）工作中缺少创新意识。虽然能够按照上级有关要求，落实支部日常工作，但是缺少创新意识，总是以学习教育为主，方式单一，组织生活不够生动活泼，吸引力不大，缺少能激发党员教师奋发向上的内在动力。

在今后的工作中，学校支部将持续以习近平新时代中国特色社会主义思想为指导，深入贯彻区局党建工作精神，结合学校实际工作，科学谋划教育教学与党建活动的协调与融合，将党建工作重点放在深入学习贯彻落实党的二十大精神上，并积极开展系列活动，保质保量完成各项工作。积极落实从严治党要求，强化党性教育，提高党员教师思想政治素养，继续探索特色党建模式，不断提升党支部的凝聚力、执行力、战斗力。

第二部分

园长篇

减少小班幼儿"破坏性"行为的对策研究

宁陕县江口回族镇中心幼儿园　靳悦玥

摘　要　《幼儿园教育指导纲要(试行)》中指出,教师要"在共同的生活和活动中,以多种方式引导幼儿认识、体验并理解基本的行为规则,学习自律和尊重他人"。幼儿期是培养幼儿行为的关键期。在小班幼儿中"破坏性"行为的发生非常频繁,我们依托幼儿的生活实践,通过教师和家长的换位思考、科学引导,创设适宜的有准备的环境,力求在生活情境中让幼儿积极主动地参与活动,逐渐认识和理解"破坏行为"给他人带来的伤害及所引起的反感,从而自觉地减少自己的"破坏行为"。

关键词　幼儿教学；破坏性行为；区域创设

破坏性行为是一种对周边事物、环境、他人造成破坏或伤害的行为。对于小班年龄段幼儿来说,探索及动手的欲望很强烈,但控制力、判断力、观察能力都比较弱,所以幼儿的"破坏性"行为不都是故意的、恶意的。因此在孩子出现"破坏性"行为时,身边的家长、教师要站在孩子的角度看待、分析和处理问题,才能理解孩子出现"破坏性"行为的真正原因,从而以合理、正确并让幼儿接受的方法对幼儿进行教育。

一、小班幼儿"破坏性"行为的表现

幼儿的"破坏性"行为是多种多样的,有的是故意破坏,有的是能力不及而无意犯错,教师要认识幼儿的"破坏性"行为,分而治之。有的幼儿喜欢玩玩具,因此会把所有的玩具都拿去玩而没有选择性地选一两件,不多时就把所有的玩具都从收纳处倒出来摊在地上了。就拿孩子最爱的娃娃家来说,孩子们对其爱不释手,但在玩的时候,锅、碗、小床等能分解开来的物品孩子们绝不让其留下"全尸",很多孩子十分喜爱的东西就再也回不来了;幼儿们喜欢看画面丰富、精彩生动的绘本,但不知道图书纸张易破,看书时,或者吃零食、喝饮料,或者翻书时动作太大,或者争抢图书,从而造成损坏;玩建构游戏时,刚刚搭建了一半的作品被幼儿一推又倒了;同伴有什么好吃的、好玩的,一把抢过来,抢不过也要争个面红耳赤,或者直接毁坏;教室布置的区域、墙面,哗啦一声隔离带就给翻倒了,墙贴也撕破了;吃饭时,手没端牢碗,一碗汤就倒地上了……这些都是幼儿破坏性的表现。

这些"破坏性"的行为不仅破坏了幼儿园良好的教学秩序,让教师一天到晚忙于应付各种突发状况,增加教师管理负担,而且也给幼儿自身带来了很多负面影响,这对幼儿在幼儿园的集体生活是不利的,因为有这类行为的幼儿容易受到同伴的排挤和孤立。因此教师要重视幼儿"破坏性"行为,探明幼儿"破坏性"行为产生的原因并采取有效策略来减少幼儿"破坏性"行为。

二、幼儿"破坏性"行为的原因分析

1. 孩子负面情绪的宣泄

幼儿自出生起,与父母或养育者朝夕相处,建立了牢固的依恋关系,这种依恋构筑了幼儿安全感的基础。而入园是一直生活在家人关爱中的幼儿第一次与家人分离,这种分离类似于第一次断乳,使幼儿紧张、不安、焦躁,从而产生了入园不适症,易产生负面情绪,同时幼儿的自我控制与调节的能力较弱,一旦出现负面情绪就会直接宣泄出来。幼儿往往不知道如何正确地宣泄情绪，因此只能哭闹、淘气，甚至是攻击他人。

如吃饭时间，教师让幼儿们坐在小桌子边吃饭，但晨晨不想吃饭，想吃零食，老师没有同意，晨晨就生气地把饭碗打翻在地上了。再如茜茜刚上幼儿园时非常不适应，入园焦虑情绪影响了她的正常生活，常常表现为沉默寡言。一次有小朋友去招惹她，她就狠狠地咬了对方一口。这种因负面情绪带来的消极宣泄，就造成了幼儿的"破坏性"行为。

2. 孩子正常的探索行为

幼儿认识世界的过程就是一个探索的过程，可以说幼儿的成长离不开探索活动，但在这个过程中，幼儿不知道哪些行为是正确的，哪些是错误的，这些探索行为会带来哪些后果，这些对他们而言也是无法预见的。因此，他们在探索活动中的破坏行为也是难免的。

如圆圆的大篮球为什么会弹跳得那么高，它的里面是什么呢？有的幼儿就想看个究竟，于是就想办法把篮球剪破了打开看看；如惯性小汽车不用装电池，往后一拉就会往前跑又是怎么回事呢，有的幼儿就又想办法拆了一看究竟。

3. 孩子对失败的手足无措

还有的孩子在感兴趣的活动中虽经过多次尝试，但因能力有限而没有获得成功，这时候的幼儿是充满挫败感的。失去耐心的幼儿往往表现出破罐子破摔的心态，干脆把不能完成的任务毁掉。

如在填色游戏中，幼儿们需将颜色填在规定的线条之内，但小班的点点总是填不好，不是这里填得太多涂得太重把纸张弄破了，就是那里填到线条外了，烦躁的点点干脆开始了胡乱涂鸦，把整个画面涂抹得一塌糊涂。

三、小班幼儿"破坏性"行为的有效引导策略

《幼儿园教育指导纲要（试行）》中指出：要创设一个能使幼儿感受到接纳、关爱和支持的良好环境。我们在看到"破坏性"问题的时候，应从幼儿的角度和立场出发，去分析和理解幼儿的行为，这样有助于幼儿保持良好的情绪态度，减少小班幼儿的"破坏性行为"，让孩子能健康快乐地成长。

1. 观察幼儿行为，了解幼儿的想法后妥善处理

观察幼儿，可以知道幼儿的活动过程，了解幼儿心理变化的影响因素，有助于教师接下来做出正确的判断和处理。教师和家长站在孩子的立场考虑问题，积极地与幼儿进行沟通，就能了解幼儿在现阶段所需要的、感兴趣的、能操作的，并帮助幼儿及时更换区域视角，使幼儿能用正确合理的方法进行探索。当幼儿出现情绪"异常"和动机"异常"时，教师应以伙伴的角色了解事件，正确引导幼儿合理地处理冲突，减少不必要的"破坏性"行为。

例如，在教师的观察记录中有这样一则观察案例：乐乐小朋友平时最喜欢拆拆拼拼一些玩具，而且不管是什么玩具，只要他有兴趣，就会开始探索，所以教师也非常关注他。近几天他有了一块新的电子手表，活动时也经常会摸摸看看手表的外部特征。第四天的午餐自由活动，乐乐开始对手表内部有兴趣了，看到他在摆弄手表背部，教师就观察他的下一步举动，只见他用自己的手镯撬手表，可是失败了。他又用手去撬，还是失败了，这时教师就进入了他的探索角色，询问他："想打开手表吗？""嗯！我想看看手表里面到底有什么？""但是，这可是一块新手表啊，要不明天我们收集小朋友不用的手表，来尝试如何打开，看看手表里面到底有什么。"第二天，"手表拆拆看"活动就开始了，还有小朋友拿来了小工具，乐乐则是最投入的一个。

从案例中可以看出，教师的观察入微、处理妥当，减少了不必要的"破坏性"行为，而且还满足了孩子的探索心理，可谓一举两得。

2. 转变传统思路，探寻最合理的处理方式

首先，教师要与幼儿建立平等的师幼关系，在生活和活动中，让每位幼儿都感受到教师的眼神和关心。其次，教师在处理"破坏性"行为时，要学会换位思考。

例如，当孩子来园时情绪不高，教师不再是以安慰情绪为主，而是可以抓住孩子今日亮点进行赞扬，并进行个别交流，让他消除不良情绪。当孩子在美工活动时剪破他人衣服，教师不再用原先的斥责，而是要抓住孩子的好奇心，运用交流法了解孩子的需求，创设孩子需要的探索区，鼓励孩子进行探索。当孩子故意损坏玩具，教师采取了说理教育，这种教育方式非常理想。因为主观性破坏行为是有心理动机的，所谓"心病还需心药医"，用讲述道理的教育方式，让幼儿从内心认识到自己的行为存在问题，从而自发产生抑制的内源动力。要注意说理并非纯粹的说教，而要诱导引发幼儿对别人的情感与尊重，产生自我归因，有意识地控制破坏行为。

3. 通过区域创设，帮助幼儿学会正确的探索方法

幼儿非常喜欢参与活动，教师在与幼儿的交流和对幼儿的活动观察中应及时地捕捉幼儿的探索动机，充分满足幼儿的探索需求，同时教师借"区域"引导幼儿正确的探索方法，从而减少"破坏性"行为。

例如，在剪纸活动中，莹莹小朋友用剪刀用力地剪着木桌。于是，教师轻轻地走过去提醒："可以剪纸工喽！有什么事等做好纸工了再跟老师讲，好吗？"过一会儿莹莹拿着做成的作品对教师述说"想试试剪刀除了可以剪纸，还能不能剪木头"。有了这个疑问，教师给孩子提供了"剪刀""布""塑料袋""木条""铁片"等，这样孩子就可以没有畏惧地进行探索。同时还为孩子创设了"Anger"区，当孩子想闹脾气、发泄不良情绪时，"Anger"区为他提供了玩具"打不倒""淘气娃娃"，让孩子在自主的选择中发泄情绪，从而减少"破坏性"行为。

4. 通过生活活动，懂得"破坏性"行为给他人带来的影响

教育是在日常生活中，借助于日常生活，并且为了日常生活而进行的。我们结合幼儿园的实际情况和小班幼儿的年龄特点、学习兴趣，利用每周一上午生活活动 15 分钟开展谈话，目的是让小班幼儿懂得"破坏性"行为的不良后果，为此拟设了详细的生活活动内容及具体的安排（详见下表）。

第一学期内容安排		第二学期内容安排	
周次	课程内容	周次	课程内容
1	《谁做得对》	1	《马路上》
2	《大家一起来》	2	《谁进步了》
3	《香蕉皮事件》	3	《好玩的沙发垫》

续表

第一学期内容安排		第二学期内容安排	
周次	课程内容	周次	课程内容
4	《生气惹的祸》	4	《来幼儿园》
5	《朋友在一起》	5	《玩具大家玩》
6	《老虎离园》	6	《我和小图书交朋友》
7	《小熊醒来吧》	7	《分享真快乐》
8	《我们生气的时候》（一）	8	《骆驼的大拇指》
9	《我们生气的时候》（二）	9	《小狗的生日会》
10	《表情娃娃》	10	《多彩的裙子》
11	《我是小主人》	11	《好朋友》
12	《皮皮的魔法棒》	12	《老师，谁的朋友》
13	《猜猜会怎样》	13	《我们是朋友》
14	《我的朋友多又多》	14	《宝宝有礼貌》
15	《小仙女送花》	15	《说说心里话》
16	《谁要温暖》	16	《我们长大了》

通过一系列生活活动的开展，让孩子了解做出错误行为后的负面影响，认识自己的错误行为并在今后懂得加以克制，教师也尽量采用说理和正面引导的方法，避免压制和惩罚，以免他们"破罐破摔"，从而发展成更严重的行为问题。同时，对那些貌似"破坏性"行为的健康行为，则应加以鼓励和正确引导，以增强孩子们的动手能力和探索精神。

5. 通过家长工作，改变家长的教育观

家长与家长之间，唯一一个必不可少的相同之处，那就是孩子。有了孩子，家长之间有聊不完的话题，讲不完的实例，谈不完的家庭教育。所以我们充分发挥我园家长委员会的作用，由家长委员会牵头与我园老师共同举办"家长育儿经验交流会"，让家长们相互交流育儿经验，以提高育儿水平，从而减少幼儿的"破坏性"行为。此外，保教主任可以结合"破坏性"行为，请专家指导家长就如何处理幼儿行为介绍教育方法,通过这样的活动,家长们更清楚面对孩子的一系列貌似"破坏性"的行为该如何处理——家长只有用自己的智慧加以科学、正确的教育和引导,才能有效地遏制和矫正幼儿的"破坏性"行为。

经研究统计,家长非理性教养与幼儿破坏行为之间显著相关。通过QQ群,家长们得知家庭教养与幼儿的个性发展、行为动机都是息息相关、紧密联系的。通过辅导、交流、反馈互动等家庭教育观的交流,教师的积极参与,家长们都学着用试探性的方式进行:一是对于无意造成的"破坏性"行为,持宽容的态度,尽量为其提供宽松、愉悦的环境,鼓励其探索、创造。二是合理对待幼儿主观性破坏行为,学会倾听诉说,分担烦恼;提供良好的正面榜样;合理规则,调节约束;采取隔离玩具等破坏对象等方式。这种教育方式能阻止破坏的继续,杜绝了将不满情绪等迁怒于物品上的不良习惯。

四、小班幼儿"破坏性"行为研究成果

1. 幼儿的探索能力得以提高

经过教师的关注与引导,孩子们的变化是明显的,懂得了"破坏性"行为给他人会带来不良影响,如摔杯子会破坏物品,拉走别人的凳子会让别人摔倒,在马路上乱跑会造成交通事故……懂得了如何发泄自己的不良情绪,如孩子会不由自主地进入情绪宣泄区和娃娃说心里的感受,爸妈没有满足自己要求时会用自己的表现达到爸妈的要求,取得他们的同意……懂得了探索心理出现时,如何正确地展开,如玩具汽车为什么后退几步就会前进了?为什么每个娃娃都是软软的?在大人的陪伴下有规律地去解析、去探索。这种探索有序不乱,有结果无"破坏"。孩子的探索兴趣在潜移默化中被激发。

2. 教师的教育方法明显转变

经过实践与探索,突破了教师从"直面"到"换位"看待幼儿的"破坏性"行为,优化了教师的引导方法、应对策略。教师会利用亲合关系、开设

区域、开展活动、家长交流等渠道，减少幼儿的"破坏性"行为，尤其是从家长口中得知孩子在有疑问时，都会向他们进行询问，并要求家长陪同实验探索，孩子的探索积极性提高了，破坏的事件也减少了。

3. 家长的观念得到了转变

老师自身的努力学习，带动了家长领会了幼儿"破坏性"行为的原因，读懂了孩子行为归因。现在家长们很愿意与教师进行沟通，交流孩子的进步，同时也积极地学习，家长们都认为要理智分析，正确对待幼儿的"破坏性"行为。

在收获的同时我们也在不断地研究反思，"破坏性"行为是一种行为上的研究，虽然我们做了些尝试，但在事件过程中也感悟到了一些不足，需要继续深入思考。如何增强教师对"破坏性"行为的正确分析和合理处理，还有待我们进一步的探索。对于教师来说，要真正做到"换位思考，正确引导"的教育，要学习的东西还有很多；要逐步减少"破坏性"行为，需要研究的内容还有很多。教师的"正确引导"要采取怎样的方式进行，这也是我们在思考的一个问题。

参考文献：

［1］中华人共和国教育部. 幼儿园教育指导纲要（试行）［M］. 北京：北京师范大学出版社，2001.

［2］周文婧. 培养幼儿良好个性，促进幼儿心理健康发展［J］. 学周刊，2019（6）：170-171.

［3］王琳. 浅谈幼儿的"攻击性"行为［J］. 作文成功之路（中考冲刺），2015（2）：49-49.

［4］史琼瑜. 浅谈幼儿攻击性行为的对策［J］. 南北桥，2017（6）：205-206.

幼儿园有效开展幼儿游戏活动的策略

宝塔区第十一幼儿园 李 晶

摘 要 幼儿园是学生接受启蒙教育的重要场所,在幼儿园中,老师要特别注重采取科学合理的教学方法,帮助幼儿从小养成良好的学习习惯。老师不仅要给幼儿提供知识,让幼儿可以掌握一些科学文化知识,还要注重开展课外游戏活动,通过游戏活动提高幼儿的学习和实践能力,让幼儿在活动中丰富完善自我。所以,老师要了解幼儿的学习特点和需求,创新幼儿参与游戏活动的形式,帮助幼儿更好地学习和生活。

关键词 幼儿园学前教育;幼儿游戏;游戏评价机制

在幼儿的学前教育中,幼儿园老师更多的是关注幼儿的身心健康,然后再给幼儿提供一些基础性的知识。因此,老师要让幼儿在参与具体的游戏活动中自由发挥想象力,依靠自己的能力完成老师要求的各项活动,让幼儿从小就养成良好的学习习惯。此外,幼儿年龄较小,对游戏没有抗拒力,开展具体的课外游戏活动对幼儿有着重要的意义。所以,在本文中作者提出了一些开展游戏活动的新方法,希望可以给老师提供相应的教学经验和策略。

一、游戏活动在幼儿学习中的意义

游戏活动是同伴互助性质的游戏,属于集体游戏,有很多幼儿一起参加,幼儿在游戏中扮演着不同的角色。游戏活动包括许多方面,既包括体能训练游戏，又包括益智类游戏，不管是哪种游戏活动，对幼儿都有积极的影响，不仅可以让幼儿在参与游戏的过程中提高交流沟通能力，还可以增长幼儿的知识，促进幼儿的身心健康发展。例如，为了丰富幼儿的学习，老师可以组织开展短距离赛跑、跳绳或者踢毽子等比赛活动，这些户外游戏活动对增强幼儿的体能有着十分重要的作用。将游戏融入幼儿教育之中，则能以较为生动、有趣的方式推动道德品质教育工作的良好开展，以隐性的方式对幼儿进行正确引导和良好熏陶，从而使得幼儿在快乐游戏的过程中不知不觉形成良好道德品质，养成正确行为习惯。此外，老师也要根据不同的教育目标选择多样化的游戏活动，尽量满足幼儿的不同需求。在构建游戏活动时，因为幼儿的年龄比较小，各方面的能力还比较弱，无法进行复杂烦琐的构建活动，所以户外游戏的开发应该选择比较基础的拼搭游戏，这样更加符合幼儿的需求，在游戏中幼儿可以开拓思维，提高自主学习能力。因此，户外游戏的开发也要坚持实事求是的原则，不同的年龄段要选择不同的游戏活动，这样才能让幼儿从游戏中获得启发，提升幼儿参与活动和游戏的能力。从这儿就可以清楚地看到，游戏活动在幼儿的学习和教育中有着十分重要的意义和作用，需要引起老师的广泛关注。

二、有效开展幼儿游戏活动的具体策略

1. 在开展幼儿游戏活动中，融入相关的教学知识

在学前教育中，老师既要关注幼儿的学习能力，又要开展具体的游戏教学活动，让幼儿在活动中丰富知识。幼儿教师应学习先进的游戏理念，将游戏精神和理念渗透到幼儿的生活以及幼儿的教育活动中去，注重将抽象的社会领域知识以一种游戏的方式呈现，拉近幼儿与抽象知识之间的联系。比如，可以把音乐教学和游戏结合在一起，利用游戏学习音乐知识。在音乐教学课堂上，就可以组织音乐接龙游戏，老师先唱一句，然后学生接续下一句，接唱正确时，老师要给予一些实质性的奖励。再者，老师还可以将游戏活动与具体的美术教学结合在一起。学好美术，不仅可以让幼儿从小就形成良好的美术学科素养，还能培养幼儿的美术学习能力，奠定好的美术基础。

所以，为了增强幼儿园美术课程的教学效率，老师也可以利用游戏活动教学法。比如，老师可以组织幼儿进行"你画我猜"的游戏，两个幼儿为一组，然后让他们分别抽取带有字的纸条，其中一个幼儿就要把纸条上的内容画出来，另一个幼儿就要根据所画内容猜猜纸条上的具体内容，如果猜对就可以得一分，几轮比赛过后，老师要统计出得分最高的两人小组，给他们一些奖励。通过这种游戏教学方法，既可以提高幼儿的美术学习能力，又能增强幼儿的思维能力和水平，提高幼儿的学习效率。通过游戏的教学形式，可以活跃课堂教学氛围，让幼儿在游戏活动中学好具体的知识，提高教学的有效性。

2. 丰富游戏器械，给幼儿提供多样化的游戏活动

积极拓展游戏范围、丰富游戏器材是幼儿园学前教育教学游戏开展的基础，可以帮助幼儿顺利达到健康游戏的目的。在幼儿园中，老师可以给学生提供新式的游戏器械，加大游戏活动的创新力度，丰富游戏活动的类型。此外，老师还可以让幼儿发挥想象力，根据个人喜好自己动手创建游戏类型，培养幼儿的自主思考能力和动手能力。例如，在课余时间，老师就可以带领幼儿收集一些环保安全的废旧物品，通过改造将这些物品制作成户外活动游戏器材，这样不仅可以节省资金，而且能丰富幼儿园的游戏器材。比如，可以收集一些箱子、纸盒等物品，然后再准备好剪刀、彩纸、胶带等物品，鼓励幼儿发挥自己的能力制作汽车、飞机的模型，最后开展评比大赛，给评为优秀的作品一些奖励，这样既能鼓励幼儿动手实践，又能增强幼儿的成就感，让他们更加热爱游戏活动。

3. 开展游戏活动中，要注重幼儿的安全

为了保证幼儿在游戏活动过程中的安全，老师要参与游戏活动，并且要在整个游戏活动中起到指导作用。在幼儿开展游戏活动的过程中，老师要维持游戏的纪律，减少危险的发生。但是，如果有一些幼儿比较调皮，不遵守游戏规则，那么老师就要及时纠正他们的错误行为，让他们认识到自己的做法是错的，这样就能让幼儿从小就养成遵守规则的习惯，还能培养幼儿良好的游戏和学习习惯，让他们掌握一些必备的知识和技能。除此之外，老师也

要积极加入游戏活动中，和幼儿保持交流互动，这样就能密切师生关系，营造融洽的氛围。

4. 采取科学的方式，激发幼儿参与游戏活动的兴趣

要想有效地开展幼儿游戏活动，培养幼儿的学习和实践能力，老师就要鼓励幼儿自主开发一些具体的游戏活动，还要给幼儿提供必要的指导。因为无论什么时候，老师都是学生学习的领路人，因此，在游戏活动的开发和进行中，老师也要引导幼儿提高对户外游戏的热情和兴趣。例如，在开展游戏活动时，老师要设置具体的主题，让幼儿围绕着该主题发挥想象力，提出自己的游戏构想。通过这种方式，鼓励幼儿开动脑筋，进行具体的实践，进而提升幼儿自主学习的能力。此外，幼儿园也要开展亲子游戏活动，让家长和幼儿在活动中增进彼此的亲密和合作。比如，开展亲子制作户外游戏大赛、亲子才艺大比拼等活动，鼓励幼儿和家长参加，在具体的游戏活动中增强幼儿和家长的默契度，让幼儿在健康和谐的环境中健康地学习和成长。

5. 完善游戏环节的评价机制

在开展游戏活动时，老师要建立完善的游戏评价机制，只有这样才能增加幼儿的自信。因此，在幼儿开展游戏活动的过程中，老师要做好观察，并且做好详细的记录，根据幼儿的表现情况，做出科学合理的评价。例如，在开展户外游戏比赛时，老师可以当裁判员，给获胜的幼儿一些实质性的奖励，像是奖励一些小红花或者零食，起到激励作用。同时，对于一些表现不太好的幼儿，老师也不能只批评，也要给他们一些适当的鼓励，还要针对他们的表现做出具体的指导，这样就能树立幼儿的自信心，帮助幼儿更好地学习和生活。评价机制的建立十分重要，可以让幼儿清楚地认识到自己的优点和不足，有利于幼儿发挥自己的优势，同时采取一些方式弥补自己的缺点，这对幼儿参与具体的游戏活动有着重要的意义。

三、结束语

要想增强幼儿游戏活动的有效性，老师就要创新游戏形式，给幼儿提供多种类型的游戏活动。同时，幼儿园老师也要在实践中不断积累经验，根据幼儿的需求，开发新颖的幼儿户外活动，鼓励幼儿积极参与，开发幼儿智力和思维，提高幼儿的自主学习和实践能力，促进幼儿身心健康发展。

参考文献：

［1］苏莉.游戏活动在幼儿园学前教育教学中的应用思考［J］.求知导刊，2019（47）：9-10.

［2］李婷莉.游戏在幼儿教育中的价值及应用策略［J］.亚太教育，2023（4）：31-33.

［3］于晓丽.基于游戏的幼儿园社会领域教育研究［D］.山东师范大学，2019.

［4］欧阳凤英.基于游戏活动下的幼儿园学前教育教学策略探究［J］.中外交流，2019，26（19）：352.

"双减"背景下幼儿园开展家园共育的策略

西安市未央区凤凰城幼儿园　辛　华

摘　要　"双减"政策下，义务教育踏上了减轻学生作业负担与课后辅导负担的改革之路，学前教育作为基础教育中的重要部分，教师与家长扮演着重要角色，家长的教育理念需要顺应时代变化。家园共育平台作为幼儿园与家长联系的纽带，担当着改变家庭教育观念的重要任务，科学的育儿观与合理的共育策略能够让幼儿园与家长在相互紧密协作的基础上形成合力，促进幼儿身心的健康发展。

关键词　幼儿园；学前教育；家园共育

学前教育作为学校教育与终身教育的基础，目前已受到家长的广泛认可。随着学前教育的深入发展，家园共育成为一种行之有效的教学方式。家庭是教育的起点，孩子从出生到进入幼儿园，首先接受的教育便是家庭的教育。但进入幼儿园以后，教育开始往多方面发展，孩子开始接受幼儿园老师的教导，学习更多的基础生活技能与知识。由于孩子处于学前阶段，家园共育便提出家庭是幼儿园的重要合作伙伴，幼儿园需要在取得家长认可的情况下，帮助家长提高教育能力。随着"双减"政策的提出，幼儿园也应思考如何在学前阶段开展家园共育。

一、有效沟通，树立科学育儿观

传统的家庭教育认为，孩子在进入学校之后，大部分的教育问题其责任都在教师或学校一方，却忽视了家庭教育对于孩子成长的重要性。研究表明：幼儿时期孩子的成长过程中，家庭教育相对学校教育来说更重要。没有父母在日常生活中的引导，即使学校教得再好，学生也会根据父母的生活状态有样学样。另外，有的家长在日常生活当中对孩子的期望过高，尤其是当孩子结束学前教育阶段进入义务教育阶段，要求孩子在各个学科的成绩一定要达到优秀，或是在幼儿园期间不要随意招惹他人，产生纠纷。这些都是家长在日常生活中存在的普遍认识。针对这类问题，家园共育过程中，幼儿园老师可以通过一些渠道与家长进行沟通，帮助家长树立正确的育儿观念，让家长在日常生活中做好孩子的引导者角色，但同时不能对孩子有过高的要求，避免孩子因心理压力过大，产生自卑甚至抑郁的心理情绪。如何进行有效沟通，需要幼儿园的教师与家长一起探讨。首先，在孩子入园时，幼儿园可以召开家长会，通过面对面的形式，运用专业的幼儿教育知识，向家长们宣导日常生活中如何与孩子进行沟通，例如孩子在幼儿园不愿与他人说话、与其他小朋友关系不好，放学后幼儿园老师与孩子家长交流，家长则是以责骂的态度告知小孩平时不能老让老师操心，这个时候，老师可以将这样的事例在家长会上与各位家长进行探讨，让有心得的家长作为代表，指出其中的问题。面对老师提出的问题，家长应该反思自家孩子不愿与他人交流的原因是什么。在日常生活中，孩子做了一些值得认可的事时，要及时地给予反馈与激励，让孩子在生活中不再产生新的心理压力，同时还能促进孩子与家长之间的感情交流。除家长会的形式以外，有效沟通还有线上线下的单独交流，利用现有的家长与教师的联系方式，每天将孩子的情况向家长反馈，适时地将孩子的情绪传达给家长，让家长以适当方式去帮助自己的孩子。通过有效的沟通促进家庭与孩子之间的关系构建，对于之后义务教育阶段教育工作的开展来说也会减少很多的问题。

二、多样活动，重视家庭参与度

在幼儿园的日常教学活动中，亲子活动是一种能促进亲子关系的有效活动，同时也对幼儿园的幼儿管理起着极为重要的作用。形式多样的亲子活动能够锻炼学生的逻辑思维与运动能力，例如亲子运动会，由幼儿园提供场地，号召孩子与孩子家长在时间适当的情况下，设计一些关于亲子协作类的项目，或是在一些由幼儿园组织的晚会上，由家长参与进来设计或观看，同时在结束后设立适当的激励，让孩子明白协作的重要性，家长也能从中获得幸福感。当孩子结束学前教育进入义务教育阶段后，教学的机构由幼儿园变为小学学校，孩子在学校的时间所占据比例更多了，为了避免义务教育阶段出现孩子对父母感情的缺失问题，需要在一定程度上未雨绸缪，优先规划，避免义务教育阶段因繁重的教育任务而给孩子心理造成难以承受的压力。幼儿园组织多样化的活动就是为了让家长明白，其在孩子心中的地位有着不可替代性，幼儿园可以通过组织活动，充分利用好家长这一现有的教育资源。

三、构建线上平台，优化家园社群

随着网络平台的发展，幼儿园开始逐步搭建线上的家园沟通平台，通过线上平台，家长能够及时了解孩子在幼儿园的情况，同时幼儿园老师也能在第一时间将孩子情况反映给家长。充分运用好"互联网+"平台，打造互联网+家园共育平台线上化，这样做在某些方面可以减轻父母在工作之余还要注意孩子情况的压力。线上社交媒体的兴起对整个家园共育也是一个整体性的推动，幼儿园可以将家长统一组建微信群聊，每天在群内定时反馈孩子的情况，让家长有一个清晰的了解，同时作为线上平台，可以将家长会等转向线上进行，减轻家长们的工作压力，群内定期组织活动，例如线上的育儿分享会、线上讲座等，通过这样的形式让家长们意识到家庭教育的重要性。同时群内还可由老师定期进行一些分享，将自己的专业知识转变为一些通俗易懂的文章，发送到群内引发其他家长的思考。合理有效的线上平台除了社交群组，幼儿园也可利用现有的多媒体设备，搭建幼儿园自己的平台。幼儿园将每日动态发布到平台上，学生家长也能够直观感受到幼儿园的教学成果。优秀的线上平台能够将各种资源以及教师、家长整合到一起，形成家园共育的合力。

四、搭建长效机制，优化反思

学前教育阶段是幼儿人生中接受教育的重要时期，家长以及教师的素养要跟得上时代。首先，教师及家长要加强学习，不断更新教育理念，共同促进孩子德、智、体、美、劳全面发展。其次，家长与教师还要在平等、尊重的前提下，提高自身的沟通能力，以开放、包容的心态倾听对方的意见。在孩子出现问题而家长难以解决的时候，教师要充分利用自身所具备的专业知识对幼儿家长进行指导。通过教师耐心的宣导，家长可以获取更多有用且高效的育儿方式，避免在教育孩子的过程中走弯路。作为教师，还应在设计活动时，尽力做到完整周密，实施时也要认真细致，仔细核对每一个步骤。作为家长要积极参与到活动中去，发挥自己的特长，积极配合幼儿园老师完成教学任务。长效机制的构建除了教学活动的细致构建、教育理念的宣导，最重要的就是反思评价工作，通过对教学工作的反思以及家长们对教师以及幼儿园的评价，能带动幼儿整体的发展，合理的评价反思工作，也是幼儿教育行业整体的一个进步体现，幼儿园可以在建立学校自己的多媒体平台之后设立相应的评价机制，对于幼儿园里面做得好的教师由学生家长进行评价，带动幼儿园教师整体教学水平的提升，同时吸纳更多合理意见促进幼儿园的整体质量提升。针对评价反思，除了线上的平台反馈，还可利用现有平台发放问卷，通过问卷调查数据，能够更加直观地体现家长们对幼儿园教学成果的认可度，促进幼儿园与家长之间关系的优化。

五、结束语

随着"双减"工作的逐步展开，作为基础教育的桥头堡，学前教育的家园共育工作尤其需要得到重视，教师要通过家园共育平台，让学生家长认识到他们的教育观念需要与时俱进，不能故步自封。同时教师也要充分利用好家园共育平台提升自身的教育教学水平，吸纳优秀家长的教育理念，同时向其他家长输出幼儿教育的先进理念和基本的专业技能。家园共育工作需要家长与幼儿园之间相互协调、紧密配合，只有家庭和幼儿园保持相同的教育目的，才能获得理想的教学效果，合力促进幼儿身心的健康发展。

参考文献：

[1] 王娟.家园共育视角下幼儿健康教育的有效实施[J].中国教育学刊，2019（10）：87-90.

[2] 刘洋.做好家长工作促进家园共育[J].黑河教育，2020（5）：73-74.

[3] 张晋，刘云艳."互联网＋家园共育"的意蕴、困境与出路[J].早期教育（教育科研），2019（2）：52-56

农村幼儿园科学教育存在的问题及解决策略

宜君县西村乡中心幼儿园　田　阳

摘　要　在农村幼儿园中科学教育与幼儿整体发展息息相关，它影响幼儿的身心发展，对培养幼儿的思维逻辑、激发幼儿的创造力、挖掘幼儿的创造潜能起到至关重要的作用。学前期是培养幼儿科学素养的关键时期，农村幼儿园作为农村幼儿学前期重要的学习环境，不仅可以使农村幼儿拥有同等的教育，还能培养幼儿的探究能力及科学素养。将科学和幼儿一日生活有效地结合起来，把科学渗透在幼儿一日生活的每一个环节中，既能让幼儿对周围的一切事物产生好奇，又能增强幼儿对科学的兴趣，并将科学与生活联系起来，从而促进其身体、智力、个性、社会性等方面的和谐、全面发展。因此，农村幼儿园对科学教育的重视和反思是很有必要的。

关键词　科学教育；农村幼儿园；存在问题；教师科学素养

一、引言

科学与人们的生活密切联系，时时刻刻都存在于人们的生活之中，比如，家里烧稀饭会放碱，水沸腾有白色气体上升，等等。对于幼儿来说，科学教育对促进他们的身心发展有着不可替代的作用。幼儿科学教育是幼儿教育的重要内容，它需要幼儿去创造及对周围物质世界进行观察、感知、探索，从中发现问题和解决问题，使幼儿获得经验并认识世界。

19世纪中叶，英国哲学家和社会学家斯宾塞在《什么知识最有价值》中，突出了科学知识的价值，第一个系统阐述了其科学教育思想。20世纪20年代，陈鹤琴先生提出的"五指活动"就包括幼儿科学活动。

2001年我国颁布的《幼儿园教育指导纲要（试行）》中明确指出：为幼儿的探究活动创造宽松的环境，让每个幼儿都有机会参与，支持、鼓励他们大胆提出问题，发表不同意见，学会尊重别人的观点和意见；提供丰富的可操作材料，为每个幼儿都能运用多种感官、多种方式进行探索提供条件。由此可见科学教育的重要性，但是农村幼儿园由于地处较为偏僻，经济相对落后，基础设施、教育基础建设等各方面条件都相对差一些，没有吸收高层次教育人才的好条件。这些都是农村幼儿园教育事业相对落后的原因，也是农村幼儿园发展的特殊性。国家、社会以及当地的政府和学校都应关注农村幼儿园科学教育的发展状况，加强并完善农村幼儿园科学教育的基础建设，使农村幼儿园科学教育事业得到好的发展。

二、农村幼儿园科学教育的重要性

1. 幼儿科学教育的概念

幼儿科学教育是引发、支持和引导幼儿主动探究、经历探究和发现的过程，获得有关周围物质世界及其关系的经验的过程，它使幼儿获得乐学、会学这些有利于幼儿终身发展的长远教育习惯。

幼儿科学教育是引导幼儿主动学习、主动探索的过程；幼儿科学教育是支持幼儿亲身经历探究过程、体验科学精神和探究解决问题策略的过程；幼儿科学教育是使幼儿获得有关周围物质世界及其关系的感性认识和经验的过程。

2. 农村幼儿园科学教育的重要性

《幼儿园教育指导纲要（试行）》总则明确指出：城乡各类幼儿园都应从实际出发，因地制宜地实施素质教育，为幼儿一生的发展打好基础。陈鹤琴先生曾指出:"大自然、大社会是知识的主要源泉。"因此农村幼儿园更要充分发挥农村环境的优势对幼儿进行科学教育。科学教育能够提高科学素养,使得个体能够了解科学,实现人的全面发展,促进公众对科学事业的理解。因此,科学教育在幼儿成长中所起到的作用不言而喻。

科学现象五彩缤纷、新颖有趣,它的表现特点直观,能够吸引并引起幼儿探索求知的兴趣。科学教育内容丰富、涉及面广,各部分内容可自成体系又相互联系,在选择内容时可根据目标自由结合,讲授时可以由浅入深,纵横联系。幼儿科学教育实施的整个过程,需要幼儿积极参与、观察、动手,感受同伴间相互交往、共同探讨的合作精神,同时在这个过程中幼儿认知能力又可以得到培养和提高,从而为幼儿形成科学的世界观奠定基础。

幼儿园一日生活环节包括入园环节、早操环节、盥洗环节、区域活动环节、集体教学环节、进餐环节、如厕环节、喝水环节、过渡环节、午睡环节、户外游戏环节和离园环节。将科学常识渗透在幼儿的常规教育中,能够培养幼儿对科学的兴趣和爱好,从而激发幼儿探索的欲望及求知的心理,培养幼儿理性的逻辑思维。

3. 科学教育对幼儿的影响

家庭是幼儿成长的摇篮,也是幼儿的第一所学校。首先,一个家庭的环境及氛围对幼儿的成长起着至关重要的作用,通常幼儿对待他人以及看待问题、做事的行为表现和方法都能反映出一个家庭的教育环境。其次,家庭教育更是幼儿入园前的第一教育环境,家长对幼儿实施的科学教育,会使幼儿在潜移默化中形成科学的认知和科学的思维构建,培养幼儿的科学素养。

幼儿园是幼儿生活和学习的地方,它是幼儿成长的第一道大门,在幼儿园科学教育是幼儿所要接触的一大领域,有专门的科学区、科学实验室等供幼儿探索和操作,幼儿园主题墙、教室环创等都有关于科学的内容,让幼儿感知科学。科学教师,能够生动有趣地讲一节科学课,幼儿一定会喜欢上科学,为什么?因为科学是探索未知,充满了好奇点,幼儿又有强烈的求知欲和探索的欲望;科学现象五彩缤纷,例如,"雨后的彩虹"教师在实验时,借助阳光,教师用喷雾喷出水后会形成彩虹,幼儿就非常喜欢,他的操作欲望就会非常的强烈。因此，只要教师稍加引导、带动，幼儿就收获不少。

幼儿融入社会生活，会受到周围环境氛围的影响，这就要求大人们要有良好的科学素养和一定的科学常识，这就要求社会群体共同组织、协力为祖国的花朵们培育一片科学圣地。

三、农村幼儿园科学教育存在的问题

随着社会发展和经济水平的提高，近年来国家支持农村幼儿园大力发展，很多幼儿园在修建、在翻新。那么农村幼儿园的科学教育现状到底发展得怎样，针对这一问题，以哭泉镇中心幼儿园为例，了解该园科学教育的发展状况。

1. 幼儿园建设标准较低

幼儿园的建设是比较特殊的，它的某些结构或者设计应以幼儿为中心，以幼儿的身材及幼儿的发展特征为依据。例如，幼儿园的教学楼梯应该比我们平时上楼的台阶要低；幼儿身材比例小，幼儿园的便池就比较小，扶栏比较低等，这些都要根据幼儿的成长特征来设计。该园的楼梯台阶比较高，不适合幼儿的成长特点；该园在教室的布置上也比较成人化，很多墙面内容脱离幼儿的生活，比如，墙面文字过多。

近年来，国家及政府大力发展农村学前教育，为农村修建并整合规范幼儿园，每个乡镇至少有一个公办幼儿园以保障农村幼儿能够就近入园。但是农村幼儿园的校舍建设的标准低，无论是房间的装修还是整体的设计都没有遵循幼儿第一的原则，例如该幼儿园楼梯间的台阶都是按照成人的标准去设计的，并没有考虑到幼儿个子比较矮，无法像成人一样。再者，新园中墙面没有彩绘，教室跟中小学几乎是一样的，不能根据幼儿的身心特点来设计幼儿园。

2. 科学教育内容单一

该园及周围几所幼儿园的幼儿科学用书基本上一样的，该园采购的科学教育用书只有两套，科学教育用书非常少；在科学活动方面，该园大部分采用的是集体活动和分组活动，使得幼儿的个性和独立性得不到发展。很多幼儿园都会给教师购买科学、语言、艺术等图书来供教师上课等，但多数幼儿园购买教材只买一种或者两种给教师，这样提供给教师的教材比较单一，教师在备课的时候不能多方面参考，而且讲给幼儿的也比较单一。这样就会使幼儿的认识受到约束，从而影响幼儿思考问题的全面性。

3. 教师在一日生活中忽视科学教育的渗透

入园环节是幼儿一日生活的开端，在幼儿入园环节中，简单的、有趣的科学小常识或者有趣的科学现象会对幼儿的思维逻辑或者独立认知起到帮助作用，会开启幼儿一整天的活力大门。该幼儿园在晨检环节，会给幼儿简单讲解体温计的神奇之处。早操环节，幼儿会在室外集体做操，在这个环节对幼儿进行相应的科学常识教育，可以培养他们的科学素养。该幼儿园会在早操环节与幼儿讨论"今天的天气是怎样的"。在入厕、盥洗和喝水这些环节中，老师可以给幼儿讲授关于水的相关科学知识，水是幼儿都熟悉的物质，所以教师给幼儿讲"水"的时候，可以联系平时看到的，比如为什么水是往下流的而不是往上流的或是往左流呢？为什么水在不同温度下，会呈现出不同的形态。这些都会引起幼儿的兴趣。在科学区域活动环节中，幼儿可选择自己喜欢的某一项实验操作，教师会给幼儿一些指导，可以培养幼儿的兴趣，激发幼儿的探索欲和求知欲。该幼儿园会组织集体科学活动给幼儿讲科学知识，做科学实验时，教师会给幼儿示范，幼儿集体观看。科学作为五大领域之一，是幼儿园必上的一课，那么科学课怎么上？如何上？成了很多幼师的难题。科学课堂，是培养幼儿对科学产生兴趣的重要阵地，它为幼儿能够与科学擦出火花提供机遇。科学现象的奇妙与色彩对幼儿有足够的吸引力，能够促进幼儿形成创造性的逻辑思维。该园的科学课教师快速地讲完简单的科学知识后就放动画片或者将剩余时间分给其他领域。户外游戏环节中，设计一些具有科学知识的游戏，可以使科学融入幼儿的生活中。这些对幼儿形成科学的思维逻辑都有着不可忽视的作用。该园设计的"种瓜点豆"的户外游戏，就是对植物特性的一些了解。

调查中，很多幼儿园以及教师在观念上都认为科学教育很重要，但仍作为一门副课来上，都无法付诸实际行动，有些幼儿园给幼儿一周进行一次科学教育，有些幼儿园一周进行二到三次，大部分幼儿园都是一个月进行三四次科学活动，还有些幼儿园称条件不成熟，无法给幼儿提供操作动手的环境。

4. 教师专业的滞后

农村幼儿园教师师资力量薄弱、教师队伍老龄化。受传统观念的影响，一些乡镇领导和教师对学前教育不够重视。一部分农村幼儿园的教师都是抽调的不能胜任本职工作的小学教师，还有一部分幼儿园教师是从周边村子招进的没有受过高等教育的普通家庭妇女，负责承担幼儿园的保育工作。幼儿园教师普遍重视知识的灌输，但忽视能力、习惯的培养，普遍重视幼儿知识与技能的获得，但不能真正关注到幼儿的身心发展。农村幼儿园因为地处相对偏僻，在卫生、餐饮、环境方面很少被检查，这使得农村幼儿园有了很大的惰性，教室卫生、寝室卫生、就餐卫生都无法达到要求的标准。同时农村幼儿园因工资少、距离城市较远导致教师少，就会降低教师标准，从周边请一些妇女来就职，这些教师没有专业知识，幼儿园也没有采取措施对这一类教师进行科学教育的培训，也未能改变他们只给幼儿上语言、数学课的观念。

5. 农村幼儿园科学教育资源匮乏

相对于城市幼儿园，农村幼儿园教师缺乏，保教育质量低，软、硬件设施不完善，加上长久以来，我国学前教育基础薄弱，农村幼儿园教育资源相当匮乏，农村幼儿园科学教育的资源同样跟不上。该园的科学区摆放了三张桌椅，七盆植物和不定时更新的植物观察记录表。还有一些教师做的不倒翁、天平等简单的物品，连一些幼儿可操作的简单科学设备都没有，教师上课只是拿着书给幼儿读完就结束了，部分教师上课时对于科学现象会给幼儿演示，但是只是教师单方面的演示，幼儿只能看不能操作，因为没有提供给幼儿可操作的材料。所以科学教育的资源不够，导致农村幼儿园的科学教育水平跟城市幼儿园相差甚远。

6. 家庭科学教育观念相对落后

家庭，是幼儿成长的第一教育场所，是幼儿获得最初生活经验、社会道德评价和行为习惯的第一环境，家长的教育观念及行为直接影响幼儿的成长和教育方向。农村家庭由于父母、长辈等受教育水平相对城市家庭普遍较低，传统的教育观念依然存在，认为幼儿园就是让孩子学习知识的。该园很多家长将幼儿送到幼儿园就会简短地询问老师，孩子最近乖不乖啊，最近没见学习什么新课啊，等等。大部分家长认为将幼儿送去幼儿园，那就是幼儿园的事情，和自己就没有关系了，这样想法是错误的。幼儿教育除了幼儿园这个重要场所，家庭才是幼儿的第一教育场所，对幼儿的成长有着无可替代的作用。在家里，幼儿会观察并学习大人的行为，其一言一行无不受到大人的影响。

四、农村幼儿园科学教育存在问题的原因分析

1. 经济发展较落后

农村幼儿园科学教育发展水平相对落后，跟农村经济状况有着密不可分的关系。农村经济发展水平相对城市来说较落后，农村生活节奏比较慢，信息闭塞，交通也不便利，国家及当地政府都只能资助幼儿园一部分，这是农村幼儿园无法快速发展的重要原因。比如，在校舍建设标准上农村幼儿园就低于城市幼儿园，这是因为农村经济扶持力度有限，加之缺少专业人士的相关指导。

2. 教学资源不充足

幼儿园在采购教师科学图书时比较单一，使得教师备课的内容也相对比较单薄。幼儿园的教学硬件设备也同样匮乏，幼儿园在资金上可能不足，不能够及时地去补充科学教育中活动、实验室、科学区等所需要的设备与仪器，导致科学教育无法顺利进行。

3. 教师观念落后，行动力差

首先，农村幼儿园以及教师对科学教育不够重视。很多幼儿园一学期都不组织科学教育的相关活动，也没有给予教师科学教学上提出要求，向家长普及和讲解科学教育的重要性的家长探讨会或者亲自活动等，幼儿园并不经常组织。其次，农村幼儿园教师中，有很多人因为不喜欢数理化而喜欢唱

歌、跳舞，才报考了幼师，毕业后选择了幼儿教师这份职业，这些教师不擅长自然科学，对于蕴含在主题中的科学知识的敏感性相对迟钝，在某些时候可能会因为自身的知识水平和逻辑思维能力的束缚，导致教学中出现一些或大或小的失误。这会让教师在科学教育中与幼儿进行互动的水平与能力减弱，造成"目标不适合，一味地追求知识传授；科学教育内容欠妥，不能贴近幼儿生活；形式单一，使得个体缺乏操作探究；讲授内容过多，使幼儿缺少合作与交流"等问题。这就造成了农村幼儿园实施高质量科学教育活动的困境。

4. 相关制度不够健全

相对于城市幼儿园农村幼儿园地处较为偏僻，卫生监督和教学能力的考察上都比较滞后，对农村幼儿园的各项工作的督促力度不够，对农村幼儿园的各项监督制度不够全面，缺乏针对性。

5. 农村幼儿园不能因地制宜

教师资源匮乏。农村幼儿园地处偏远，距离市中心较远，经济落后，很多年轻教师都不愿意留在农村，另外幼师的工资也是非常低，幼儿园也不给教师加工资，又没有外部的资金扶持，很多学前教育专业的毕业生，也不愿意去从事这个行业，这时候幼儿园就会找一些年龄大一点但没有专业知识的人来幼儿园工作，缓解教师紧缺的现状，这就造成了农村很多幼儿园教师不足以及专业教师紧缺的状态。

教育资源的匮乏。相对于城市，农村幼师缺乏创造性、能动性。不能根据幼儿园的实际情况，做出适合园情的教育教学方案。很多农村教师因为没有接受过高等教育，专业水准不够，导致很多农村幼儿园不能将当地的特色融入幼儿园教学当中去。

6. 家庭教育水平低

农村家长干农活既忙又累，很少有时间去与幼儿交流和相处，很多家庭会在农忙时因无暇照看将幼儿放在托管，家长根本就无法对幼儿进行科学教育，而在托管，注重的是幼儿人身安全，忽视幼儿的科学教育。农村家长整体知识水平相对较低，还有很多家长都不识字，更没有基本的科学常识和科学素养。这也就造成了幼儿除了在幼儿园接受科学教育之外，在家庭里，没有一点点科学渗透，导致科学教育与家庭教育的脱节。

农村家庭很少出去旅游，幼儿也被局限在生活环境周边。由于农村环境的封闭，教育资源少，导致农村幼儿看不到外界发生的变化，打不开眼界，见闻少，对他们的科学教育也有所影响，例如"红绿灯"游戏，城市幼儿因为经常见，就会选择去玩这个游戏，而农村幼儿很少见到，所以可能就不会去选择这个游戏。

五、农村幼儿园科学教育存在问题的解决策略

1. 国家、社会对农村幼儿园的建设要加大支持力度

农村幼儿园科学教育存在的问题除了幼儿园自身应改善之外，2011年全国各地纷纷出台政策鼓励多建公办园，保证每个乡镇至少有一所公办幼儿园。国家给予农村幼儿园科学教育事业的大力扶持，不单单只是幼儿园建设上，还包括幼儿园教学设备及其幼儿园的科学教育教学资源上；在保障农村教师待遇上，政府各相关部门要依据《中华人民共和国教师法》《中华人民共和国劳动法》等劳动保障法对农村幼儿园进行规范，让农村幼儿教师无论在福利上还是在工资以及各项保障上能够优于其他职业，以吸引更多学历高、专业对口、教学经验丰富的优秀教师来农村幼儿园任教。社会应当关注农村幼儿园科学教育实施中的困难并给予一定的帮助。当地政府应该严格认真地实施上级或国家对农村幼儿园科学教育的相关政策，应当根据本地区的特色以及实际情况做出一份可行的计划，逐步解决当地农村幼儿园科学教育存在的问题。

2. 从各方面完善幼儿园科学教育

从教学资源来说，相对于城市幼儿园，农村幼儿园能带给幼儿直观的现代科学成果很少，而幼儿科学图书可以满足农村幼儿强烈的求知欲望。所以幼儿园在采购图书时，应多方面、多资源、多角度去购买科学图书，这样不仅有助于教师参与借鉴，采用多种方式授课，而且能增长幼儿的科学见识，培养幼儿对科学的喜爱。

在科学教育力度上，幼儿园园长应担负起本园的教学任务，加大科学教育的力度。首先，对每一位教师都要有最基本、最常规的科学教育培训，组织教师共同学习科学教育的相关知识；组织其他教师轮流听课，并提出问题；园长应给每位教师布置关于科学家教育的任务，例如小班教师每天必须上够 2~3 节科学课，每两天必须组织一次科学教育活动或者做一次科学实验。

由古至今，教师的职责便是传道、授业、解惑。传统的教育观历来都是强调以教师为中心的，现代的教育特别强调儿童在教师指导下进行的主动探究，在动态教学过程中，教师的教与幼儿的学之间的关系是相互依存、相互作用的双向关系，二者的本质是主导与主动的关系。后现代主义的教育观，充满了对教师权威的消解，倡导民主、平等对话，同时也提倡对话中的反思和批判精神。后现代主义教育观要求教师在幼儿学科学的过程中，应该扮演积极的支持者和平等的合作者的角色，教师要为幼儿提供探究的材料、环境以及表达和交流的机会，为幼儿创造自主探究学习的条件。同时，教师是师幼关系中的领导者，教师要坚持理解、宽容、平等、对话的理念，以消解科学活动中的教师"中心"和"话语霸权"。具体表现为："教师要关注差异性，关注幼儿的个性发展，重视幼儿的动手探究，让师幼双方在平等的对话中相互理解、共同发展。"

在科学教育的资源开发上，《3—6 岁儿童学习与发展指南》中强调："科学探索活动应密切联系幼儿的实际生活进行，利用身边的事物与现象作为科学探索的对象。"由于不同地域有着一定的特殊性以及农村与城市的差别，农村幼儿园要学会挖掘农村自然资源，创设特色科学活动，为幼儿提供丰富的科学教育教学内容，从而促进农村幼儿园的科学教育发展。

3. 幼儿园及当地政府组织教师定期培训、外出学习

教育的成功，学前是奠基，师资是关键。教师科学文化素养的提高有赖于幼教师资的培训工作。完善农村幼儿教师培训制度，加强农村幼教师资培训，提高农村幼儿教师的科学素质是农村幼儿园科学教育改革与发展的客观需要，也是农村幼儿身心全面、和谐发展的重要保证，更是农村幼儿园科学素质提高的关键。

首先,各级相关教育部门应高度重视、大力支持。相关组织培训部门应把幼师的进修与培训纳入自己的工作职责范围,加强对幼教师资进修的领导,明确并落实幼教师资进修的责任制,强调并突出幼师科学素养的培训与提高。各类幼儿园包括民营幼儿园必须执行国家相关政策,切实保障幼师的进修工作,不得以任何理由阻碍幼师进修工作的进行。幼儿教育相关部门以及幼儿园领导者,应不断改革、发展、完善幼儿教师的培训制度;幼儿园可安排一系列的主题活动,通过多媒体及网络课堂等对教师的相关技能进行培训和提高。

其次,幼儿园可与当地的师范学院幼教专业相互配合。幼教系可派出专业的科学教育相关人员,安排课时,坚持对农村幼儿园科学教育活动进行听课与指导;幼儿园也要积极准备科学活动,双方教师长期坚持、共同探讨农村幼儿园科学教育的课题,找出可行的、适合农村幼儿园的科学活动和实验。

再次,农村幼儿教师应坚持自我学习与教学反思。对于农村幼儿园的科学教育,教师更应该不断地自我反思与学习,这样才能不断地发现农村幼儿园的科学教育出现的问题并能够及时地改进与提高,以促进农村幼儿教育事业的更好发展。

4. 提高教师科学素养及改善教育观念

作为幼儿教师应时时刻刻保持学习状态,学习科学知识来丰富自己的科学知识储备,使科学教育融入其他领域中,与其他科目融为一个整体,提高自己的科学教育水平与能力。教师要抓住幼儿好奇的心理特征,捕捉其教育特征并能给予不同的教育,从而使幼儿得到不同的发展;教师在一日生活中渗透科学时要善于观察幼儿,并抓住各种机会对幼儿进行科学教育。

幼儿园定期组织家长会、亲子活动等改善家长参与幼儿成长的教育观念,让家长了解并参与幼儿成长中的每一个环节。要求家长及时与幼儿园进行沟通,并配合幼儿园很好地完成对幼儿的教育。例如,家长在有幼儿在的谈话过程中,要有意识地回避谈话中出现的脏话等;告诉幼儿不能乱扔垃圾，家长要做出表率。在经济允许的情况下可以带幼儿出去转一转，看一看，打开幼儿的视野，可以帮助幼儿奠定良好的科学教育基础。

六、结束语

随着幼儿教育事业的发展与普及，农村幼儿园科学教育的现状也受到很多幼儿工作者的密切关注。农村幼儿园科学教育水平的提高以及科学教育态度的转变使得农村幼儿能够享受更优质的科学教育课程。科学教育对农村幼儿的成长与发展有着非常重要的影响。

本研究通过调查农村幼儿园科学教育存在的问题，围绕科学教育对幼儿的重要性的相关内容展开论述，观察了哭泉镇中心幼儿园及周围幼儿园中的部分教师关于农村幼儿园科学教育的现状，讨论农村幼儿园科学教育存在的问题，提出合理的解决策略。期待本研究能为农村幼儿园科学教育事业的更好发展提供多种选择，为农村幼儿教师提供一定的借鉴。虽然农村幼儿园科学教育现状还存在很多不足与问题，但是有各位专家、学者共同努力，为农村幼儿园科学教育的发展提供参考，为农村幼儿科学教育实践者提供教学新思路，笔者认为农村幼儿园的科学教育将会出现新的面貌，指引幼儿快乐地走向未来。

参考文献：

[1]田本娜.斯宾塞课程论述评[J].课程·教材·教法，1983（5）：46-48.

[2]曾进，黄范瑾.运用陈鹤琴理论思想在主题活动中进行幼儿园课程改革[J].南昌教育，2004（2）：23-24.

[3]中华人民共和国教育部.幼儿园教育指导纲要（试行）[M].北京：北京师范大学出版社，2001.

[4]朱洪杰.农村幼儿园科学教育浅谈[J].教育界（教师培训），2011（2）：174-174.

[5]张红霞，郁波.小学科学教师科学素养调查研究[J].教育研究，2004，（11）：68-73.

［6］3-6岁儿童学习与发展指南［Z］.中华人民共和国教育部，2012.

［7］孟亭含.陶行知生活教育理论对农村幼儿园科学教育的启示［J］.黑龙江教育学院学报，2012，31（5）：67-70.

［8］王红娜.重庆市农村幼儿园师资培训问题的思考［J］.中国电力教育，2011（4）：33-34.

家园共育促进幼儿良好道德品质的发展

榆林市神木市大柳塔镇第一幼儿园　杜丽萍

摘　要　《幼儿园教育指导纲要（试行）》中明确指出："家庭是幼儿园重要的合作伙伴，应本着尊重、平等、合作的原则，争取家长的理解、支持和主动参与，并积极帮助家长提高教育能力。"幼儿教育是基础教育的重要组成部分，陈鹤琴先生曾说过："幼儿教育是一种很复杂的事情，不是家庭一方面可以单独胜任的，也不是幼儿园一方面可以能胜任的，必须是两方面共同合作才能得到充分的功效。"家庭是培养幼儿良好品德的重要场所，幼儿养成良好的品德，仅在幼儿园进行培养是远远不够的，因此需要家园合力，共同促进幼儿良好道德品质的发展。

关键词　家园共育；幼儿道德教育；良好品德

　　学前教育和家庭教育对幼儿来说是良好品德初步形成的重要时期，幼儿良好品德的养成比知识的获得更重要，幼儿期形成的道德认知和道德行为会对他们的一生造成影响。抓住幼儿道德教育的黄金期，帮助幼儿形成良好的道德品质和行为习惯就显得尤为重要。在教育越来越强调生态化的今天，幼儿教育中的家园合作是一种必然的趋势。幼儿园和家庭是幼儿时期教育任务的主要承担者，因此幼儿的道德教育就要综合幼儿园、家庭教育资源，形成教育合力，本着共同的目标和方向相互配合，才能更好地促进幼儿道德品质的发展。

一、充分发挥幼儿园教育的主体作用

幼儿期是道德品质、健康人格以及良好习惯养成的重要时期。因此，作为幼儿教师要善于利用多方位的教育资源，通过开展丰富多彩的教育活动，充分利用幼儿一日生活环节的教育契机，注意潜移默化地对幼儿进行道德品质的教育，从而扩大幼儿的道德认知，培养幼儿良好的道德情感，形成良好的道德行为，锻炼坚强的道德意志是开展教育工作的前提和保障。

1. 情感教育是道德教育的前提

道德教育不同于其他科学知识，它是一种价值观念，对道德教育的认同首先必须以情感基础为前提。道德情感是认知的动力，要使幼儿获得对人对事的正确认知，必须唤起幼儿积极的情感经验。

教师要根据幼儿年龄特点，利用故事培养幼儿良好的道德情感，采用这种教学模式，能满足其心理需要。教师还要善于发现幼儿生活中的小细节，引发幼儿的情感共鸣，达到教育的目的。例如，结合幼儿不同时期应达到的教育目的，通过幼儿自理能力大比拼、帮助同伴穿衣服、关心生病的同伴、为过生日的同伴制作生日礼物等活动进行教育。这些细节看似微小，却能点点滴滴浸入幼儿的心理活动，在不知不觉中影响幼儿的行为。

2. 重视幼儿良好道德行为的养成

幼儿良好道德行为习惯的培养，要贯穿整个幼儿时期。抓好班级常规教育是幼儿园的重要教育内容，使道德教育与生活实践相结合，根据幼儿已有经验进行教育，有利于幼儿良好行为习惯的养成。一日生活皆教育，日常生活中的教育是最基本也是幼儿最容易接受的教育方式，而且教育的效果非常明显。教师要建立合理、必要的生活常规，促使幼儿从实际出发，坚持一贯性，养成独立自主、自律的品质。根据幼儿年龄特点，创设轻松愉悦的生活环境，培养幼儿良好的品德、行为、习惯，以及活泼开朗的性格，真正为幼儿良好品行的形成打下坚实基础。同时通过日常小事进行随机教育，使幼儿在寓教于乐的活动中充分调动积极性、主动性、参与性，学会遵守班级常规，建立初步的道德意识。

二、家园共育对幼儿良好道德品质的发展具有重要意义

当今社会人们更多关注孩子的创新精神和实践能力，孩子良好道德品质的培养却往往不被重视，殊不知孩子的良好习惯对其身心健康和谐发展具有深远影响。幼儿园开展的品德教育固然重要，但幼儿的成长离不开家庭，家长作为幼儿的第一任教育者，言行举止是幼儿模仿的对象，模仿是孩子的天性，示范是最好的语言。幼儿良好道德品质和行为习惯的培养与家长也有着密不可分的联系。由此可见，幼儿良好道德品质的形成离不开教师的引导，同样也离不开家庭的熏陶。

1. 以幼儿为主体，创设温馨的育人环境

为了培养孩子良好的道德品质和健康人格，一定要从自身做起，从小事做起。"勿以善小而不为，勿以恶小而为之"，各方面都要严格要求自己，凡是要求孩子做到的，家长本人首先做到；凡是要求孩子不能做的，自己坚决不做，为孩子营造一个温馨舒适的环境。孩子的成长需要时间，教育的成败贵在坚持。培养孩子良好的习惯需要时间，需要原则，更需要耐心，需要持之以恒。在幼儿园日常行为习惯的教育中，教师也要持之以恒，对幼儿及时进行提醒、引导，必要时给予帮助。温馨幸福的家庭氛围，和谐友爱的邻里关系，丰富多彩的幼儿园生活，都会让幼儿感受到人与人之间真挚的感情。让幼儿生长在一个宽容、接纳的环境中，有助于幼儿形成良好的自我意识和个性，而这种良好的自我意识和个性又会促使幼儿对家庭、社会有一个良好的认知，从而促进他们道德行为的发展。

2. 晓之以理，动之以情，让幼儿学会感恩

如今的孩子大多数都是在温饱无忧的家庭环境下成长起来的一代人，他们备受几代人的百般宠爱，却不懂得感恩和回报。爱是人类最美好的情感，也是一个人道德品质中的灵魂思想。我们不仅仅要让孩子们成为爱的享受者，也要让他们成为爱的付出者，学会爱父母、爱老师、爱同伴。家长在给予孩子爱的同时，要让孩子们感受到家长的付出，让孩子承担一定的责任，

例如，自己的事情自己做，帮助家长做些力所能及的事情，让孩子体会家长的辛苦，学会尊重别人，关心他人。

幼儿良好道德品质和行为的培养任重而道远，需要幼儿园与家庭密切合作，达成一致，共同营造幼儿健康成长的环境和条件，使培养幼儿良好道德品质和行为习惯达到最佳的教育效果，为幼儿健康可持续发展打下坚实的基础。

三、家园共育是培养幼儿良好习惯的主要途径

1. 以幼儿为纽带，建立幼儿成长手册

幼儿成长手册为教师和家长之间提供了良好的空间对话，让家长既能看到孩子在幼儿园的表现，又能看到孩子在家中的表现，要求家长督促幼儿严格执行，积极鼓励有进步的幼儿，使其逐步养成良好的行为习惯。随着孩子年龄的增长，孩子的自主性也越来越强，家长可与幼儿共同制定相关要求，例如，自己的事情自己做，收拾玩具，知道基本的礼仪，等等，用贴"小红花"来记录孩子表现好的一面。幼儿成长手册是反映保教工作情况的一扇窗户，也是老师与家长之间沟通联系的专属通道，借助幼儿成长手册使家园双方共同对幼儿进行全面教育。此外，还可以通过"家园互动""家园微信"等平台进行交流，便于家长将自己的要求和建议及时传递给老师，从而为实现家园共育创造条件。

2. 开展亲子趣味活动，调动家长的积极性

对家长教育工作的指导，也是实现家园合作的一种形式。许多家长在教育幼儿时常常会觉得束手无策，原因就是缺乏一些理论的指导，而幼儿园可以通过创建"父母课堂"，构建指导教师与家长互动的平台；还可以开展丰富多彩的亲子活动，邀请家长积极参与幼儿园的工作，定期组织教师与家长进行对话，增进家长与教师的情感。针对个别幼儿进行家访，了解家庭教育中家长存在的困惑，共同商议解决办法。例如，重阳节到了，教育幼儿要尊老爱幼，给爷爷、奶奶捶捶背，给爸爸、妈妈递拖鞋等，提高幼儿的道德认识；在日常生活中帮助父母做些力所能及事情，增强他们的责任感和合作意

识；丰富幼儿社会交往的知识经验，培养幼儿良好的行为习惯，让幼儿在日常生活中学会关爱他人、关心集体。

3. 建立家长委员会，定期召开家长会

组织开展座谈式家长会等形式多样的专题讲座，向家长有针对性地讲授科学育儿知识，普及育儿观念，更新家长的教育观念。根据家长对教育子女的困惑进行讲解，提高家长的育儿水平。增进教师和家长的相互理解和支持，促进幼儿健康成长。

4. 注重个性化教育，促进幼儿全面发展

由于家长的教育观念和方式不一，不同家庭的幼儿都具有其独特的行为习惯和个性特点，存在的问题也各不相同，有的任性，有的不合群，有的生活不能自理。因此，我们依据《3—6岁儿童学习与发展指南》"注重个体差异，因人施教"的要求，围绕孩子的发展，有针对性地做好幼儿道德品质的培育工作，使幼儿养成健康、积极的个性品质。

5. 充分利用榜样激励法

幼儿由于年龄小，对是非的辨别能力较差，但对家长的鼓励和表扬是非常敏感的。因此家长可以充分利用幼儿的这种心理特点，有针对性地表扬和鼓励能够自觉遵循规则的幼儿，通过这种途径可以使幼儿正面强化正确行为，进而使之养成良好的行为习惯。

利用班级"星星墙"来强化幼儿良好的言行举止，孩子表现好时贴上一颗星，让幼儿产生荣誉感和自豪感，以激励其他幼儿学习。此外，还可在班级开展"小老师"的活动，半天或者全天安排一名"小老师"，尝试按组轮流，让每个孩子都有机会当上"小老师"，让他们检查和评价全班小朋友的生活常规表现，这对幼儿语言表达、自我管理等都有很大的帮助，幼儿良好行为习惯的养成具有一定的反复性、持久性，这种反复有时会表现在家中，有时会表现在园中。所以，家园合作培养幼儿良好行为习惯应根据幼儿实际发展情况，不断调整方法和形式，以保证教育的有效性。

四、结束语

幼儿良好道德品质的养成是一个长期、潜移默化的教育过程，渗透在日常生活的细节里，只有充分发挥家园共育的优势，形成教育合力，采取有效的教育措施，才能有效促进幼儿良好道德品质的发展。

参考文献：

［1］曾碧，李霞．家园互动：促进幼儿园教育活动的有效途径［J］．现代教育科学，2011（6）：10-11．

［2］冯国荣．初探幼儿园与家庭合作的意义［J］．中国科教创新导刊，2011（18）：193-193．

［3］石伟峰．家园合作的必要性及对策［J］．赤峰学院学报（自然科学版），2010，26（7）：218-220．

幼儿数学操作性学习活动的存在问题与对策研究

汉中市汉台区丁家营幼儿园　付静文

摘　要　随着操作性学习法的不断推进，幼儿数学教育也有了很大的改进。数学操作性学习活动得到了幼儿老师的一致认可和推崇，但在其实施过程中出现了幼儿操作机会少、缺乏教师有效指导和幼儿的表达等问题。运用观察法和个案研究法，通过分析幼儿数学操作性学习活动的现状总结出存在问题，针对问题提出教师应为幼儿提供充足的操作机会，鼓励幼儿大胆表达等对策。数学操作性学习的研究有利于提高幼儿园数学教育教学水平，促进幼儿数学学习方法体系的研究。

关键词　幼儿；数学操作性学习活动；数学操作性材料

作为学前儿童教育课程及教学的重要组成部分，数学具有抽象和逻辑性较强的特征。现代教育观也指出数学是超出物质现实的建立在人脑中的一种关系。皮亚杰认为，3~6岁幼儿处于前运算阶段，其思维具有直觉行动和具体形象的特点，因此幼儿的数学学习需要多次的亲身体验和动手操作，才能将所学到的知识内化为自己的数学经验。数学操作性学习虽然已被普遍运用，但在具体实施中并未发挥出应有作用。

一、幼儿数学操作性学习活动的现状

目前幼儿数学操作性学习活动主要有两种常见开展形式：益智区幼儿的自由操作活动和数学集体教学活动中的操作活动。幼儿通过数学操作活动理解抽象的知识，探索了解操作对象的特性和它们之间的关系。我重点观察了益智区材料投放和数学操作性学习活动，总结如下：

1. 操作材料种类繁多

幼儿的数学操作材料主要投放在益智区，这些材料有些是幼儿从家里带来的，还有一些是老师专门为数学集体教学活动而准备的。小班最常见的是拼图、串珠玩具和关于 5 以内数数的玩具，中大班是一些关于分类和序数的玩具。还有一种是老师专门为数学集体教学活动而制作的玩教具，如幼儿学习 5 或 10 以内的点数时，老师用一次性纸杯和泡泡泥制作的玩教具，在纸杯上分别用几种不同颜色的颜料涂上颜色，写上数字并在数字下边画上对应颜色与数量的小圆点，再用同样几种颜色的泡泡泥做成大小形状完全相同的小球。幼儿根据不同颜色杯子上的数字取对应颜色和数量的小球，可以锻炼幼儿 5 或 10 以内手口一致点数的能力。

2. 操作机会不够

在比较复杂的数学集体教学活动中，老师会把时间主要用到讲课和示范操作上，而给幼儿留的操作时间很短。幼儿在操作过程中会经历尝试—失败—再尝试的不断循环的过程。由于其特殊的身心发展特点，每次的注意时间和操作时间较短。面对一项较难的操作时，幼儿一开始可能会有很大的兴趣，但是时间稍微一长或遇到困难时就很可能放弃操作。老师在数学集体教学活动中都会考虑上课时间与进度，幼儿操作一段时间就赶紧让他们结束操作。这样反应慢些的幼儿看到别的已完成操作的幼儿开始收拾材料，他们也会跟着收拾材料。益智区中也会因为各种原因出现幼儿操作时间不够的情况。这样很多幼儿没有足够的操作机会，就不能很好地掌握数学知识。

3. 易受环境影响

幼儿数学操作性学习活动的开展需要一个安全有序的环境。这里的环境既包括操作材料、温度和阳光等，也包括幼儿自身的心理环境。在操作材料的选择上，幼儿一般都会倾向于选择自己比较喜欢、会操作和熟悉的材料反复操作和探索，结合已有经验亲身操作后得到新的经验。他们还会受到老师和同伴的影响，老师说过的材料他们一般会选择多玩几次，看到同伴玩哪个材料很有意思，自己也要去玩这个材料，往往会出现几个人同时想玩一个材料的情况。对于自己不太喜欢和熟悉的操作材料或对象，小班幼儿会偏向选择一些直观形象、易懂和暗示性较强的材料，避开他们不熟悉的材料。而中大班幼儿对一切充满好奇，对感兴趣的东西好问好学，喜欢探索，开始出现逻辑思维的萌芽，会选择一些可开发和变化性强的操作材料，教师会引导幼儿运用已掌握的数字经验，在解决实际问题的过程中感受数字的有用、有趣与有序。

二、幼儿数学操作性学习活动中出现的问题及原因分析

1. 幼儿真正参与操作的机会很少

在数学公开课或一些教研中，有些教师课前示范操作让幼儿多练习模仿操作几遍，有些教师为了给幼儿留点神秘感不会提前透露。在给益智区投放新的数学操作材料时，老师会把所有幼儿叫到一张桌子前，给幼儿介绍玩具的玩法，全程都是老师在示范操作和讲解，幼儿可能本来看到这个新玩具时挺感兴趣的，很想自己把玩一番来找个玩法，却没有机会自己触摸感受与操作。数学操作性学习活动本来就是幼儿自主操作材料并结合已有经验在不断操作与探索中形成自己新的经验的一种学习活动。幼儿在老师示范操作后再操作时，会回忆起老师教的玩法，不会再去调动自己的原有经验去不断操作探索，关于这个操作对象的认识基本都是单一的、相同的和被动的。

3~6岁幼儿正处于身心发展的初级阶段，认知发展水平会受到限制，操作前先要认识了解操作对象，再根据操作目的和要求，结合自己的已有经验进行操作，因此他们需要的操作时间相对较长。我观察到老师们在数学集体教学活动时会经常运用到操作学习法，但是给幼儿留出的操作时间却不够幼儿充分自主操作探索。如果有时间的话就让幼儿多操作一会儿，没时间的话

就进入下一个环节或直接把这个环节省去，数学操作性活动在数学教学中没有发挥到它应该发挥的作用，还有的老师把它当成教学活动调整的时间标志。如果一个班有五六十个幼儿，老师更是把数学操作性活动当成可有可无的部分。有一次一位老师上了一节数学课，示范操作了摆图和贴图，第一排画着 5 以内数目的小圆点的卡片，第二排摆着写着对应数字的卡片，第三排画着对应数目物体的卡片。老师示范操作后让幼儿在下边撕卡片、摆卡片和贴卡片。幼儿对卡片上的蛋糕、飞机、小花等物体还挺感兴趣的，都开始认真地撕、摆和贴。但他们还没摆完的时候，老师看到快到做操时间了，就让幼儿把卡片收起来放成一沓，做完操上来后再把它装书包里。幼儿本来是很喜欢这个操作活动的，想要完成它，但由于操作时间不够就没有继续进行操作。幼儿的数学操作性活动仅仅局限于数学集体教学活动和益智区区域活动，这对于幼儿点数的学习练习等数学学习是远远不够的，他们需要不断地操作练习。数学操作性学习是一个持续性的学习过程，它不应该仅仅局限于一次两次活动。想要通过一两次数学集体教学活动或者纯粹的操作活动教学是不可能让幼儿完全学会某些知识的，它需要幼儿不断操作练习来巩固深化。

2. 个别老师盲目投放材料

材料的种类大概有二十几种，致使幼儿不知道选择什么材料，操作一种材料没多久就换另一种材料操作。益智区里经常会摆放着很多数学操作材料，大多数材料是买的那种，只有一两种是老师根据数学教学要求，利用数学学具或其他材料制作的。我观察到有个别材料因为存在安全隐患不太适合幼儿操作，而幼儿还争着抢着玩这种材料，经常出现几名幼儿想要同时玩一种材料的情况。

例如，一个有各种形状包括半圆、正方形、长方形和三角形的积木块，上面还镶着各种颜色的玻璃。有一次幼儿玩的时候，不知道是不小心摔到地上了还是时间长了积木块自然裂开了缝玻璃就快要掉出来了，而且木块的几个角很尖锐，幼儿玩时一不小心就可能将手划破。还有一种材料里面装了许多不同形状的上面有许多圆孔的塑料片，一些不同颜色的塑料小螺丝钉和小螺丝帽，还有拧螺丝钉的一个塑料电动工具和一个手动拧螺丝帽的塑料扳手，这个玩具对小班幼儿来说有些难度。因为小班幼儿年龄小，生活中缺乏拧螺丝钉的经验，看到这个玩具只玩一下或瞎玩，他们都不会拧螺丝钉来把螺丝钉固定在塑料片。大多数幼儿都不会玩这个玩具，但他们都对它感兴趣。有时三四个人都想操作这个材料，会出现争抢打闹的情况。小班幼儿喜欢独自游戏操作，同种类型或相似类型的材料要多准备几份，少了就不能满足多个幼儿同时操作的需要，就会发生矛盾与争端。

3. 缺少老师的有效指导和回应

数学集体教学活动中老师们都会按照"老师示范讲解—幼儿模仿操作"的固定模式来进行。首先是老师进行数学操作的讲解，为幼儿介绍这项数学操作的材料及玩法，然后再借助一定教学设备向幼儿演示这项操作的大致过程。在轮到幼儿自己进行操作时，教师并没有根据幼儿的具体操作情况做出一定回应，并给予有针对性的及时指导。

幼儿对一种数学操作材料经多次尝试操作后仍不知道怎样正确操作，这时候老师应在一旁仔细观察，及时给予指导和帮助。如果老师忽视了幼儿的这种需求，那么这名幼儿很有可能就会放弃操作甚至以后也不会再选择这个材料。另外许多教师指导幼儿时一味地把操作过程全部呈现给幼儿，幼儿完全模仿老师的操作，没有自己的自主探索与思考。教师对幼儿的操作也应该及时给予相应的回应，这种回应可以是"你做得还不错""你涂得真好看"等等，它在很大程度上影响着幼儿的数学操作性学习活动的效果。

4. 缺少幼儿自己的思考和表述

目前幼儿园数学操作性学习活动基本上都是一个固定模式，主要是教师讲解、示范操作和幼儿的模仿操作。幼儿操作时会在大脑中回忆起老师的具体操作步骤自己模仿着进行，他们不会去运用自己的已有经验去自主探索这项操作应该怎么玩。幼儿数学操作性学习活动的评价主体一般都是教师，许多教师只会关注幼儿的数学操作结果，而忽视了幼儿的实际操作过程。有些幼儿的操作结果可能不是很理想，但他们在具体操作过程中表现出来的一些学习品质还是值得认可和表扬的。教师在评价幼儿的数学操作时忽略了幼儿的参与。

幼儿在进行数学操作性学习时只会老师教的这种玩法，不会再去探索其它的玩法了。所有幼儿获得的对这种数学操作材料的认识基本都是一样的，他们不会对自己的操作过程和结果进行思考。教师在评价幼儿的数学操作活动时往往只看到了幼儿的操作结果，只是去评价结果的好坏，却忽视了幼儿操作过程中所表现出来的一些值得表扬的品质。在没有看到幼儿的具体操作过程或是不太理解他们的操作结果时很多老师会直接否定幼儿的操作结果，有些幼儿会把教师的评价作为自己操作结果的唯一指标，这时教师的评价对幼儿的数学操作性学习活动的进行就会有很大的影响。幼儿是数学操作性学习的主体，对他们的数学操作性学习活动进行评价时也可以鼓励幼儿参与进来。让幼儿分小组对彼此的操作结果进行交流讨论并展开评述。

三、问题的应对策略

1. 创设充分的操作机会

幼儿能否进行数学操作性学习活动不仅和学习内容有关系，而且在很大程度上取决于教师的儿童观与教育观、教育理念以及他对数学操作性学习的理解。在学习内容的选择上，教师应该考虑到幼儿具体形象思维的特征，尽量选择一些贴近幼儿实际生活、直观形象的内容。幼儿是学习的主体，他们活泼好动，看到没见过的材料都想亲自摸一摸，玩一玩，自己琢磨一番，老师在这个时候一定要抓住这个兴趣点，利用材料吸引他们的学习兴趣。老师通常会在教授新知环节引入材料，示范操作后让幼儿跟着模仿操作，但操作时间远远不够。现在学前教育提倡幼儿自主主动地去学习探索，但在幼儿园中的集体教学活动中，往往是教师的示范讲解居多而幼儿的自主操作很少，所以在活动中应该尽可能多地给幼儿创设操作机会。集体教学活动中的导入、新授、巩固和结束部分各个环节都可运用操作活动，让幼儿多一些操作机会。

（1）时间。一定的操作时间是幼儿完成数学操作性学习的必要保证。只有为幼儿留足必要操作时间，他们才可能与材料充分接触，并结合已有经验进行自主操作与探索。科学教育儿童首先要了解不同年龄幼儿的身心发展特征。小班幼儿年龄小，有意注意时间只有3~5分钟，他们的注意力和兴趣点很容易发生转移。因此教师的讲解时间不能太长，应该为幼儿多留一些自己操作探索的时间。中大班幼儿好奇好学，有意注意时间为10~15分钟，有了一定的耐力和毅力，操作知识经验相对丰富些，因此要为他们留相对长的时间。

（2）空间。幼儿的数学操作性学习受很多因素的影响，如操作材料、机会、时间、空间和教师的指导等。幼儿数学操作性学习活动基本都只是在数学集体教学活动和益智区区域活动时进行。不管是学习5以内或10以内手口一致地点数或是其他数学内容，幼儿都需要不断反复练习操作以达到对知识的巩固强化。数学操作学习的空间不应局限于集体教学和益智区。如今幼教改革中不断强调保教结合，幼儿园一日活动皆教育。在幼儿一日活动各个环节中老师都可将数学知识渗透其中，如餐前可让他们学习5以内的物体数数并进行分发，学会将数字和物体一一对应。其他区域里幼儿也可自主学习探索数学，幼儿户外游戏活动时也可练习5以内手口一致地点数，让幼儿轻松地掌握数学知识。通过解决实际问题把具体的物体模型和某些抽象的数字模式联系起来，为幼儿提供了数学学习的真实熟悉的情境。此外家长也可在周末为幼儿提供一些生活中常见的为幼儿所熟悉的材料，让幼儿有更多的数学操作性学习的机会。

2. 有选择性地投放数学操作材料

数学操作材料应具备丰富性、针对性和经济性的特征。小班幼儿喜欢模仿，已有经验不足，很少和同伴合作操作，投放材料时，要做到相同类型的材料数量尽量多一些，以保证多人同时操作，最好是人手一份，尽量多投放一些成型材料。而中大班幼儿好问好学，喜欢探索，开始出现逻辑思维的萌芽，因此要给他们提供丰富的半成型材料。另外要尽量选择经济型的材料，价格贵的材料对幼儿来说不一定是好的。数学来源于生活又服务于生活，幼儿数概念的形成需要借助生活中的实物。

总之，要选择能够满足幼儿全面发展需要并促进他们全面发展的材料。

教师可以选一些可重复利用的废旧物品，如废旧瓶子瓶盖、报纸和毛线等。教师在选择材料时还要考虑它能否引起幼儿的操作兴趣，是否有变化性，是否符合幼儿的操作习惯和能力。心理学家认为，具有变化性的材料更易吸引幼儿的注意力。教师要投放丰富多样的材料，引发幼儿的多种感官刺激，激发幼儿数学操作探索的欲望和兴趣。如幼儿在认识数字 5 时，教师可准备 1 到 5 所有的数字和画着各种生活中常见物体的卡片，还可以准备一些幼儿生活中熟悉的材料，如硬币、不同颜色的纸杯和吸管等，让幼儿能够在不断的操作中更好地学习数学知识。不同于中大班幼儿，小班幼儿具有具体形象性思维，要为他们提供具体形象、暗示性较强和易操作的材料。教师在选择数学操作材料时，不仅要考虑幼儿的不同年龄特征，还要考虑幼儿发展的个体差异和最近发展区，为幼儿设计不同功能与难度的数学操作材料。如中班幼儿在进行分类的数学操作中，让能力弱的幼儿只按颜色分类，能力一般的幼儿按颜色和大小分类，能力强的幼儿按多个维度分类。这样可以满足不同水平层次幼儿的数学学习需要，让他们都能够感受到操作成功的快乐。就数学操作材料自身而言，它的特征和操作方式对幼儿的数学学习与发展有很大的影响。因此教师提供的材料也要能体现数学教学目标，且具有一定的目的性。一种好的数学操作材料应该是能引发幼儿运用多种方式，从多个角度不断进行操作，引发幼儿不断思考和探索的材料。

3. 给予幼儿及时、耐心、针对性的指导

教师示范操作后，除了要给幼儿留足必要的操作时间，还要做一个认真的观察者、及时的帮助者、热心的支持者和耐心的合作者。教师不要过多干预，幼儿通过操作可认识自己、知道自身能力并启发潜在力量。幼儿在进行数学操作性学习时，首先要对数学操作材料有一个全面的观察，教师的引导过早导致幼儿只会处于被动的观察状态，他们的思维也会处于老师预设的模式之内；如果教师的引导太晚的话，幼儿就没有最初的操作欲望与兴趣了，他们的操作将会处于被动状态，不会再去思考探索操作。教师应该在看到幼儿遇到困难时，从他们的角度出发，用他们易懂的语言及时耐心地提示讲解，让他们发现这个材料的有趣之处，引导他们自己思考探索并寻找解决问题的办法，或给他们做简单示范而不是将全部操作过程呈现给孩子，要给孩子留有思维发散的空间，鼓励他们继续探索操作下去。可提问他们"你为什么要这么做？""除了这样做，还可以怎么做呢？"……幼儿在自己直接感知、实际操作、亲身体验的过程中来提高动手能力。教师要分析幼儿问题的产生根源，根据不同的操作目标和他们的不同个性特征分别进行引导帮助。如幼儿出现分类操作性学习上的错误时，教师要先分析幼儿是因为观察不认真，忽略了材料之间的细微差别，还是因没有完全掌握"类"的概念导致的，针对不同情况对幼儿进行引导。幼儿操作时教师也要做出合理的回应，看到表现好的幼儿可适当地表扬他，看到有点想放弃的幼儿鼓励他坚持下去，告诉他你一定可以完成的。有些操作需要两人合作完成，看到幼儿独自操作时，你可以以一个合作者的身份和他一起合作完成。在他遇到问题思考后还是解决不了的时候，可以适当地引导他主动思考解决问题的方法，继续探索操作下去。

4. 鼓励幼儿主动思考与表述

教师在进行数学操作示范时应先向幼儿讲明操作规则与要点，然后进行简单的示范操作，在操作结果不是只有一种时要向幼儿讲清楚这只是老师的一种做法，他们可以尝试按自己的想法来操作，不是只有老师这一种做法。这样幼儿在进行数学操作时就不会一味按照老师的这种做法去操作，他们还有自己主动思考探索与操作的思维空间。幼儿操作时要先观察了解操作材料的特性，记住教师强调过的操作规则和要求，结合已有经验来操作与探索，从而获得学习与发展。教师在语言上要严谨，把抽象概念具体形象化。幼儿在操作中遇到问题时，教师不能直接将操作过程呈现在幼儿面前或者告诉幼儿操作结果，而是应该尊重幼儿数学操作性学习的主体性，对他们进行引导性提问，启发幼儿思维，让幼儿主动思考探索如何操作，也可以让他们互相交流讨论来思考解决问题的方法。

对幼儿数学操作进行评价的主体一般都是教师，小班幼儿年龄小，对自己的操作没有明确的判断力，老师的评价将会成为幼儿对自己操作唯一的认识，教师可以给幼儿一些提示和指导，鼓励他们主动思考自己的操作是否达到这项操作的目标，主动感知、发现和探索，用自己的语言将自己对操作过程和结果的看法表述出来。在进行幼儿数学操作性学习活动时，教师可采取多种形式的分组操作活动，完成操作后，鼓励他们互相交流评述彼此的操作过程和结果。让幼儿参与到数学操作性学习活动的评价中来，既能对自己的数学操作性学习产生更深入的认识，也便于幼儿更好地进行数学操作性学习。

作为幼儿教师进行数学教育教学活动的重要手段和幼儿理解抽象的数学知识、建构数学概念、发展数学能力的重要途径，数学操作性学习活动不但有利于激发幼儿数学学习的兴趣，而且能够促进幼儿数学思维的发展，培养幼儿良好的数学学习品质。

尽管许多幼儿园在数学教育教学中都会运用数学操作性学习法，但有很多老师并没有很好地认识到数学操作性学习法的本质与价值，没有让数学操作性学习活动很好地发挥其作用。本文以幼儿数学操作性学习活动作为研究主题，对幼儿数学操作性学习活动的本质、现状和出现的问题展开阐述，重点论述了其普遍运用的表象背后特别是在实施过程中出现的诸如幼儿操作机会不够、缺乏教师有效指导、幼儿的思考与表述等问题及原因分析并提出应对策略，供大家参考。

参考文献

[1] 潘秋香. 小班数学操作学习中指导语言的艺术 [J]. 西部素质教育, 2016, 4: 181.

[2] 张玲, 丁文. 幼儿数学教学中操作活动的指导策略 [J]. 学周刊, 2016 (17): 221-222.

[3] 汤婧. 幼儿园小班数学教学活动有效性的现状研究 [D]. 上海师范大学, 2018.

幼儿园教师教育机智的探究与分析

汉中市南郑区高台镇中心幼儿园　余蓓蓓

摘　要　教育机智是教师在面对突发教育情境时作出迅速、准确的判断与及时、恰当的行动的能力，它具有丰富的教育内涵。本文根据活动观察与相关分析，归纳出幼儿园教师教育机智的几种表现：对幼儿敏感，有克制的干预，理解幼儿，因势利导，施加潜移默化的影响，巧妙创新以及临场应变等。为进一步提升教师的教育机智水平，建议教师重视活动前的准备工作，做有准备的教师；关注活动中幼儿的反应，做善于观察的教师；重返关键事件，做善于反思的教师。

关键词　教育机智；幼儿园教师；教育情境

一、幼儿园教师教育机智的内涵

何谓教育机智？教育大辞典将其解释为：教师在面临复杂教学情况时所表现出的一种敏锐、迅速、准确的判断能力。如教师在处理事前难以预料而又必须特殊对待的问题时，以及对待处于一时激情状态的学生时所表现出来的能力。也有学者提出，教育机智是教师对突发性教育情境作出迅速、恰当处理的随机应变能力。马克思·范梅南则将教育机智看作是一种深切的关注，"它使我们能够在与孩子和年轻人生活时充满智慧地行动"。刘徽认为："教育机智是在适当的时候，在适当的地方，对适当的人做出适当的行为，突出此时此地之感，关注课堂中的情境和时机。"由此可以看出，教育机智就是教师在面对突发教育情境时作出迅速、准确的判断与及时、恰当的行动的能力，这种能力具有实践性、情境性、创造性、不确定性等复杂的特征。尽管这是教师瞬间的判断和迅速作出的决定，但这种教育机智往往能够成为教师在教育过程中捕捉问题、作出反应、取得令人惊喜效果的线索，尽管它可能是模糊的、不确定的，但却能够显示出教师的某些教育风格或人格特质。因此，教育机智具有丰富的教育内涵。

基于以上对教育机智的认识，并根据幼儿园教育的特点，本研究尝试对幼儿园教师的教育机智进行深入探讨。众所周知，幼儿身心发展的独特性和幼儿园教育的保教并重让幼儿园教师的工作具有很强的实践性、复杂性和情境性，在实际工作中会有许多转瞬即逝的教育时机，常常出现种种复杂的教育情境，这些都需要幼儿园教师及时捕捉、及时应对。因此，对于幼儿园教师来说，教育机智可以说是一种必备的工作能力。

二、幼儿园教师教育机智的表现

1. 对幼儿敏感

午睡结束了，小朋友们开始陆续穿好衣服、整理好床铺从午睡室走出来。老师发现只有欢欢一个人还坐在床上没有挪动，老师看了他一眼，触碰到了他那有些内疚的眼神，老师顿时明白了什么。等其他小朋友都走出去后，老师走到他身边，贴在他耳边悄悄说了几句话，然后帮他换上干爽的床单和衣服。欢欢开心地走出了午睡室，仿佛什么事也没有发生过。

案例中的教师能够留心并读懂幼儿的眼神，反映出的正是教师对幼儿的一种敏感，这种敏感能够帮助教师理解具体教育情境所包含的意义，并做出恰当的教育行为。这种敏感源自教师对幼儿发展特点的熟练掌握和对幼儿的细心观察。正是通过观察，教师捕捉到了幼儿难以用言语表达的信息。基于这样的敏感，幼儿园教师能够对幼儿做出准确判断（即幼儿经历了什么）和适宜的教育决策（即我需要为他做什么）。

2. 有克制的干预

平平还在费劲地往上抬腿，老师知道他想翻过那道矮矮的护栏。他已经尝试了好多次了，有一次差一点就成功了，但也许他觉得有点危险，所以又退了下来。老师站在一旁静静地观察着他。平平再次来到护栏旁，抓住扶手努力地抬起了自己的腿，然后屁股一扭便翻了过去。他回头看了一眼老师，老师笑着走过去拍拍他的小脑袋。

何时该克制？何时该等待？何时该干预？对于幼儿园教师来说，这是一种对教育机智的领会。在某些情况下，如幼儿在活动中变得躁动不安或做出了某些可能有危险的动作，这时教师就需要当机立断，迅速作出反应，以直截了当的方式加以干预。在某些情况下，教师则可能需要关注幼儿的情感需求，给予他们及时的回应。观察发现，教师当机立断和及时回应往往是比较容易的，但如何给予"有克制的干预"通常是比较困难的。很多教师往往急于完成自己的活动目标，因而很多时候会不自觉地加快幼儿学习的进程。例如，当幼儿很费力地在做某件事或很努力地在表达一个意思时，教师似乎很难做到静静等待，通常她们会说："来，让老师帮你把衣服穿上！""老师帮你把它画得更漂亮些！"

事实上，幼儿只有亲身实践，才能从中完成积极的自我建构。上述案例中教师选择的是等待，目的是让幼儿自己去尝试、探索并最终体验到成功感。教师的"观察""笑着走过去""拍拍他的小脑袋"就是一种"有克制的干预"。如果教师急于代替幼儿解决所碰到的问题，幼儿也许感受到的只是被教师控制的挫败感、羞愧感和自己的无能为力。因此，幼儿园教师的教育机智应表现为一种有克制的干预，既在幼儿的最近发展区给予支持性引导，又给予幼儿足够的时间和空间让他进行自我探究、自我建构和自我成长。

3. 理解幼儿

老师发现丽娜从早上被妈妈送到幼儿园开始，就一个人无精打采地玩着。老师知道丽娜的爷爷前两天病得很厉害住院了，她和爷爷的感情很好。

老　　师：丽娜，你今天看起来很伤心，可以和老师说一说吗？

丽　　娜：嗯，我想去看我爷爷。

老　　师：你在想爷爷？

丽　　娜：嗯，可是大人不让小孩进医院。

老　　师：你真的很想去看爷爷？你知道爷爷生病了却不能去看他，你很难过？

丽　　娜：昨天晚上我奶奶哭了。

老　　师：这也让你很难过、担心，是吗？

丽　　娜：（叹了一口气，但也放松了很多）是的。

老　　师：我们很爱的人生病时，我们都会很担心，我想想，有没有什么办法能让我们的担心减轻点？虽然你不能去医院看爷爷，但你可以给爷爷做个特别的卡片，上面写下你想跟爷爷说的话，然后让大人帮你带给爷爷，好吗？

丽　　娜：好啊，老师您能帮我写些话吗？

（该案例选自卡罗尔斯特维奇的《发展适宜性实践：早期教育课程与发展》一书）

当幼儿知道有人理解或接受自己的感受时会产生欣慰感，随之会有效释放出焦虑、害怕、担心等消极情绪。案例中的教师通过事先了解和观察幼儿语言和非语言表达出来的情绪、情感，主动询问并对幼儿的悲伤情绪给予了理解和同情，提议通过制作卡片写上祝福的话，帮助幼儿疏导不良情绪。这种引导幼儿管理和控制自己情绪的做法，对帮助幼儿形成健康的情绪体验和积极的个性是非常有价值的。案例中的教师表现出来的教育机智，是一种对幼儿的尊重（允许幼儿表达自己的情绪），更是一种对幼儿的理解。

4. 因势利导

星期一，班上的孩子活动时往往会比其他日子显得活跃，但现在看来很多孩子已经玩得很累了，因为我发现很多孩子不停地从一个区跑到另一个区"瞎逛"。虽然按照日程表，自由活动时间还没到，但我决定提前让孩子们收拾好玩具，进入下一个活动环节。第二天，区域活动时间，孩子们大多在全神贯注地开展复杂的建构游戏，我见机决定适当延长这一活动的时间，以便让孩子们充分体验和探索。

因势利导是一种审时度势，需要教师具有敏锐而专业的判断力。案例中的教师通过观察幼儿的行为判断出他们的学习状态，在时间安排上给予适当的引导与支持，因势利导与灵活性密切相关。

幼儿的一日生活和活动设计有一定的时间规定，但如果教师古板地按照此时间来规定一日生活和活动的开始和结束时间，那么规定就会变成束缚幼儿发展的枷锁。案例中的教师能根据活动过程中幼儿的需要，对时间安排作出灵活变通，既减少幼儿的无效探究，也为幼儿的自主探究提供充裕的时间。这种尊重幼儿发展特点并给予积极引导与支持的做法是教师教育机智的重要表现。

5. 施加潜移默化的影响

户外活动回来，孩子们依次盥洗完毕，开始端起饭碗吃饭。突然，贝贝呛了一口，一下子把饭和汤都喷了出来，喷得桌子上、身上到处都是。坐在贝贝旁边的小朋友立马大声喊了起来："老师，他吐饭了，哎呀，好脏。"主班老师赶紧走了过去，轻轻地拍打贝贝的后背，轻声地对周围的小朋友说："贝贝可能不舒服才这样的，没有什么脏的。"说完，老师迅速擦干净桌面，牵着贝贝的手去盥洗室清洗。回来后，其他小朋友都关心地问候贝贝："好点了吗？慢慢吃，你会好起来的……"

对于幼儿园教师而言，通过潜移默化的方式影响幼儿的行为，也是一种教育机智。案例中的教师在贝贝出现突发情况后，给予了细心的照料，相信教师的这一行为会对其他幼儿产生潜移默化的影响。事实上，我们已经看到，其他幼儿在教师的影响下也开始关心起贝贝来。的确，教师个人的言谈举止以及对人对事的态度都会潜移默化地影响幼儿。

6. 巧妙创新

蒙蒙最近情绪很不稳定，老师了解到蒙蒙新添了一个妹妹，妈妈的关注可能较多转移到了妹妹身上，这也许让蒙蒙有些嫉妒。第二天，老师在娃娃家新增了娃娃、奶瓶、尿片等玩具。蒙蒙抱起了娃娃说："宝宝哭了，来，让妈妈抱抱你。"在接下来的集体教育活动中，老师与幼儿讨论起妈妈与新生儿这个话题来。

案例中的教师通过观察，发现了该名幼儿有特殊的情感支持需要，由此特意为幼儿提供了相应的材料，以帮助幼儿调节自己的情绪情感，可以说，这种巧妙的创新为幼儿度过情感危机提供了支持。在幼儿园里，类似的创新举措不胜枚举。例如，组织幼儿到户外活动很容易出现队伍混乱失控的情况，教师想出了一种简单的手指游戏来引导幼儿排队，让幼儿边做手指游戏边行进。需要强调的是，教育机智并不等于教育技巧，技巧是偏"理性取向"的，关心的是怎样做才能获得最大效益，而教育机智则是偏"关心取向"的，关注的是幼儿需要什么、学习什么、怎样学习等问题，体现的是一种人文关怀，并在这种关怀中产生富有教育意义、能够吸引幼儿的教育行为。

7. 临场应变

上午，幼儿园临时安排一些幼儿去体检，主班老师带走了部分幼儿，剩下的让他们在区里活动。这时，几个孩子开始活跃起来，他们你追我赶，四处乱跑。这时候，苏老师走进来，她坐到图书角的几个孩子身边，说道："有个有趣的故事一直藏在苏老师的脑袋里，哪本书里都找不到。我现在讲给想听的小朋友。"于是苏老师开始惟妙惟肖地讲起了故事，这时，那几个四处乱跑的孩子也悄悄地围了过来……

在活动过程中，即使事先做了充分的准备，也难免会出现一些难以预料的情况，这时，教师就需要临场应变了，这也是教师教育机智的一个重要表现。案例中的教师在面对可能失去控制的场面时，通过机智的应变策略，吸引幼儿并让他们安静了下来。从某种程度上讲，幼儿园的一日活动就像是一系列的"即席创作"，它要求教师不仅要承担起作为幼儿活动的引导者、支持者与合作者等基本教育角色，还要知道如何应对突发情况进行临场应变，这无疑考验着教师的专业素质。

需要强调的是，幼儿园教师的教育机智并不局限于上述几个方面，而且这些方面往往也不是孤立表现出来的。事实上，它们通常是以一种整合的方式呈现出来的。

三、提升教师教育机智水平的策略

幼儿园日常工作中常常会出现许多具有教育意义的突发情况，如果幼儿园教师具备一定的教育机智，就有可能将这些突发情况转化为宝贵的教育时机，为幼儿获得必要的学习经验提供支持；如果教师缺乏教育智慧，则这些突发情况就有可能影响幼儿活动的正常开展。因此，对幼儿园教师来说，如何机智地利用这些时机为幼儿的发展提供支持是一种重要的专业能力。结合对教师教育实践的观察以及有关教育机智的相关理论，建议教师从以下几方面着手，努力提高自己的教育机智。

1. 重视活动前的准备工作，做有准备的教师

教育机智强调"即席创作"，它是一种"临场天赋"，但这并不意味着不需要做好事先准备工作。事先准备与教育机智是预设与生成的关系，两者可能会有冲突，但更应该是相互协调、共同促进。预设是为了更好地生成，事先准备在一定程度上是教育机智产生的前提条件。很难想象，一次毫无计划的活动会怎样展开，但可以预料到的是，教师多半会紧张地忙于应付各种情况，对幼儿的真实反应会无暇顾及。

因此，在开展活动前做好准备工作非常重要，包括根据本班幼儿的发展水平和兴趣特点进行合理的活动设计，根据活动计划做好充分的环境、材料以及知识等准备，尤其是当面对一个相对陌生的内容时，活动设计更需要精心准备。实践证明，活动前的准备工作做得越充分，教师的视野就越宽阔，与幼儿的互动就越容易深入，也越能激发自己的灵感，从而产生教育智慧。需要强调的是，这里的活动准备不是要求教师去做一个严谨的规划，而是更提倡教师做一种愿景式的活动计划，这种计划既能预设活动的目标与方向，同时又充分考虑活动过程中可能出现的问题以及相应的解决办法，以便在活动中能够根据实际情况作出灵活应变。

2. 关注活动中幼儿的反应，做善于观察的教师

在一次观摩活动中，一位特级教师谈起了她对活动的看法：判断一个活动精彩不精彩，不用看教师，只要看着孩子的眼神就知道了。这段通俗的话，说明教师的教育机智、专业能力都会通过幼儿的反应表现出来。因此，在活动过程中，教师对幼儿的及时关注与敏锐观察是产生教育机智的关键。一方面，幼儿的反应可为教师教育机智的"即时创造"提供真实的情境，尤其是幼儿的"意外反应"往往会激发教师的教育智慧。例如，在一次班级自由互访活动中，教师发现班里互访的幼儿人数超出了预期，出现了拥挤、吵闹的现象，她立即对幼儿进行了分组，与另一名配班教师一起，把幼儿分流到不同的区域，并以环形走动的方式带幼儿参观班级。另一方面，教育机智本质上表现为一种关心取向的师幼关系，教师需要时刻关注幼儿，体现出一种对幼儿成长的责任感，这种关注和责任感就是教育机智的表现。

3. 重返关键事件，做善于反思的教师

教育机智是教师在活动情境中产生的即时反应，在真实的教育现场，教师通常需要在很短的时间内做出决策并采取行动。在这个过程中，教师没有过多的时间去分析决策的依据。但"机智的行动要求教师找到情境中的线索""认识到自己的特点和情境之间的关系，有助于教师更好地行动"。所以，我们提倡教师要重返关键事件并对此进行反思。例如，关键事件为什么会出现？幼儿为什么会出现这种反应？我采取了什么行动？行动的结果怎样？我为什么要这样做？这与我的教学风格有关吗？通过对关键事件的反思，教师能够发现自身的教学特点，并可能由此形成自己的教育风格。

总之，强调教师具有教育机智的重要意义在于它能引导教师在日常工作中以一种全身心投入的态度，以一种关心取向面对幼儿，关注并反思一日活动中的关键事件。只有充分认识到每一个教育情境都具有它独特的意义时，教师才会自觉地运用教育机智，做出明智的教育决定，采取正确的教育行动。

参考文献

[1] 赫尔巴特. 赫尔巴特文集：教育学卷二 [M]. 李其龙，郭官义，译. 杭州：浙江教育出版社，2002.

[2]刘利平.赫尔巴特关于教育理论与实践关系问题的阐释[J].教育史研究,2017(2):177-183,225.

[3]朱萌萌.论幼儿教师教育机智的内涵、表现及生成路径[J].信阳师范学院学报(哲学社会科学版),2020,40(6):75-79.

[4]张颖黎.做有准备的观察:有效提升幼儿园教师主动观察意识与能力初探[J].科学咨询(教育科研),2020(7):166.

信息化技术在幼儿园家园共育中的应用

榆林市第三十七幼儿园　慕亚丽

摘　要　进入21世纪后，信息化技术快速发展，且广泛用于各个阶段的教育。幼儿园家园共育中信息化技术发挥着相当重要的作用，具体表现为：加快了家园之间信息传递速度，拓宽了家园交流互动空间、促进了家园共育的可持续发展。为此，笔者提出：树立家园共育理念，改变"园主家客"的关系；发挥信息化技术作用，丰富家园共育途径；借助网络媒介平台，提高家长和教师家园共育参与度；深化家园共育管理，建立严格的监督评估机制等方面建议。

关键词　信息化技术；幼儿园；家园共育；应用

信息技术快速发展背景下，传统的幼儿教学方法很显然满足不了社会各界的需要，合理利用信息化技术提高家园共育效率已是大势所趋。因此，幼儿园家园共育中教师要意识到信息化技术的作用，并合理利用该技术丰富家园共育的内容和方式，为幼儿全面发展奠定基础。

一、信息化技术在幼儿园家园共育中的应用价值

信息化技术在幼儿园家园共育中具有较高的应用价值。首先，加快了家园之间信息传递速度。传统的家园共育基本上都是家长活动开放日、家长会、家访等，主要以面对面沟通为主，但部分家长因工作繁忙无法参与活动。因此应用信息化技术则有利于教师和家长在线沟通，确保教师可以随时和家长

联系，加快了家园之间信息传递的速度，提高信息传递的精准性。其次，拓宽了家园交流互动空间。传统的家园共育活动主要以幼儿园为主场地，部分家长因个人原因无法参与。信息化技术的出现拓展并延伸了家园共育，家长和幼儿园都可以通过微博、微信、公众号等进行交流，不受地点、时间等限制，家园共育效率明显提高。再次，促进了家园共育的可持续发展。传统家园共育中缺乏内容，且形式单一，监督管理机制不健全，教师和家长参与水平不高，这些问题对家园共育的开展产生了直接影响。因此，家园共育中应用信息化技术丰富了家园共育的形式，调动了教师和家长参与家园共育的积极性，有利于提高幼儿园办学质量，促进幼儿园工作全面发展。

二、信息化技术在幼儿园家园共育中的应用

信息化技术出现后，逐步被应用到各个学科教学活动之中，在幼儿园家园共育中同样发挥了重要的作用，具体可从几个方面进行。

1. 树立家园共育理念，改变"园主家客"的关系

幼儿园和幼儿家长应构建合作、互补、一致的家园共育关系，共同促进幼儿身心健康发展。当前教育背景下，教师要合理利用信息化技术广泛宣讲"家园共育"的新型家园合作理念，打破以往不好的"园主家客"的关系。比如，幼儿教师可以开设班级微信公众号或微信群，借此分享孩子专业教育和成长变化有关的知识，幼儿家长可以随时了解孩子发展过程中存在的问题和变化，掌握一定的育儿知识。除此之外，教师还可在公众号上开设专栏，如"园内园外""宝宝风采秀"等，让家长用手机记录下孩子成长的影像，并在专栏上分享，或者是和其他家长交流。如此，教师和家长共同探讨育儿经验，调动了教师和家长的参与积极性，可以最大程度发挥二者在家园共育中的作用。

2. 发挥信息化技术作用，丰富家园共育途径

幼儿园应意识到教师和家长是幼儿教育过程中缺一不可的合作伙伴，教师应以合作、尊重和平等的原则获得家长的支持和理解，提升其教育能力。幼儿园教师可以利用信息技术丰富家园共育途径，一方面，发挥专家的引领

作用，让家长学习和领会科学的育儿理念。比如教师可以通过信息化技术平台每周至少给家长发布一条育儿保健知识，增加家长育儿知识。还可以定期开展专题讲座，及时更新幼教理念。每周对不同的家长开展专题讲座，家长可利用智能手机在线观看。在此之后由教师带领家长交流观后感想，提高家长的育儿水平。另一方面，建设网站，共享家园共育资源。教师应建立家长学习资源库，如故事妈妈资源库、勇敢爸爸资源库等。教师还可将一些有趣的亲子游戏拍摄成视频，便于幼儿和家长在线下载和观看，使家长与幼儿在家中同样可以开展亲子游戏或互动学习。

3. 借助网络媒介平台，提高家长和教师家园共育参与度

要想提高教师和家长的家园共育参与水平，必须转变家长和教师不正确的自我角色定位观念，确保可以在家园共育中承担相应的功能和责任。因此，教师应在家园共育中主动改变以往的以自我为主导的角色，积极询问家长的意见，调动家长参与幼儿家园共育的积极性。家长应改变以往被动参与的状态，主动参与家园共育。另外，还要发挥网络媒介平台的作用，主动搭建教师工作平台、园长工作平台以及技术支持服务平台等，提高教师及幼儿家长开展家园共育的参与度。

4. 深化家园共育管理，建立严格的监督评估机制

要想提高家园共育的开展效率，离不开严格的监督评估机制。因此，各个班级的微信群主应发挥幼儿园领导者的作用，管控班级群的发言，将闲聊、推销或砍价等不良言行的个人禁言或退出群聊，提高家园沟通的纯洁性和有效性。除此之外，利用信息化技术，让家长的手机和学校监控连接，便于家长随时了解幼儿的情况，避免教师存在失职或失范行为。幼儿园应定期评估家园共育的基本情况，并建立家园共育档案袋。

结束语

综上所述，幼儿园家园共育中应用信息化技术为家园共育搭建了立体化、便捷式的桥梁，不仅调动了教师的参与积极性，更重要的是调动家长参与的积极性，让家长的角色定位发生较大的改变，即从以往的被动者向主动

者转变。由此可见,信息化技术为教师和家长开展家园共育拓宽了路径,增强了家园聚合力,有助于幼儿园工作的全面高质量发展。

参考文献

[1] 谷丽环. 探究信息化技术在幼儿园家园共育中的应用 [J]. 中华少年,2018(33).

[2] 顾晓红. 利用信息技术新手段,搭建家园共育新平台 [J]. 幼儿教育:教育教学,2020(4).

[3] 李西云. 基于信息技术分析幼儿园家园共育的发展前景 [J]. 未来英才,2017(15):248-248.

[4] 周洪. 信息技术在幼儿园家园共育中的有效应用 [J]. 儿童大世界:教学研究,2019(9).

[5] 刘诗意. 信息技术在幼儿园家园共育中的应用 [J]. 中国农村教育,2019(12).

基于良好习惯培养的幼儿养成教育探讨

商洛市商州区陈塬办事处中心幼儿园　陈艳利

摘　要　0—6岁是培养幼儿良好行为习惯的关键时期，习惯伴随着人的一生，影响人的生活方式和个人成长的道路。培养幼儿的良好行为习惯是一件任重而道远的大事，良好行为习惯可以促进幼儿德、智、体、美、劳全面发展，让孩子终生受益。作为幼教工作者，在幼儿良好习惯养成教育过程中，要创设良好的环境，理解和尊重孩子，对幼儿进行良好行为习惯的培养和熏陶，将会对幼儿一生的发展产生重要影响。

关键词　幼儿良好习惯；养成教育；家园共育

习惯是日积月累养成的，一旦形成很难改变。一个获得诺贝尔奖项的成功者说："在人生之中，我认为受益最大的，不是在大学，不是在高中，而是在幼儿园。是幼儿园的老师使我养成了种种最基本的好习惯，才让我取得成就，这才是我成功的关键。"所以培养良好的习惯，在幼儿时期尤为重要，今日的习惯是明日的命运，一个人要想事业成功，好习惯是关键。习惯伴随人的一生，一个好的习惯会使人终生受益。幼儿园阶段是培养幼儿良好行为习惯的关键时期，教师需要在此阶段对幼儿展开积极正面的引导，帮助幼儿形成对良好行为习惯的正确认知，清晰界定好的行为习惯和不好的行为习惯，同时着重培养幼儿践行良好行为习惯的自主意识，科学成长、健康发展。

一、从身边的小事做起，用爱感染孩子，为培养良好习惯打基础

幼儿时期是培养人的良好行为习惯的关健期。处于人生初始阶段的幼儿，自控能力较差，我们要帮助孩子养成良好的行为习惯，帮助孩子踏好人生的第一步。对每个孩子来说，幼儿园是和家完全不同的环境，身边没有爸爸、妈妈的呵护，更没有爷爷奶奶的娇惯，好多事情都得学着自己做。尤其是小班幼儿年龄小，自理能力差，如大、小便不会脱裤子、提裤子，老师要不厌其烦地帮助他们一个个脱，一个个提。吃饭时有的幼儿不会用匙子，老师要一口一口地喂。遇到情绪不稳定的幼儿，要想办法哄。有的幼儿大小便在身上，还要毫不嫌弃地帮助他们换衣服、洗衣服。教师的爱还不仅是这些，还体现在了解幼儿生理、心理特点和幼儿的教育规律上。要通过老师的关心和体贴，使幼儿在心理上感到安全、情感上得到满足。在此基础上，把关心热爱孩子与耐心教育和严格要求结合起来，从而使教师和幼儿之间形成一种深厚的感情基础，有了这种感情基础，教师就可以科学地管理幼儿，灵活、有效地对幼儿进行教育，为培养良好的行为习惯打下坚实基础。

二、创设良好的环境，使幼儿在潜移默化中养成良好习惯

赏心悦目的环境可以使人心旷神怡，优美的校园环境能够陶冶幼儿学生情操，养成良好的生活规律和习惯。养成教育的关键是导之以行，要做到这一点，就要纠正重说理轻实践的倾向，把说理和实践结合起来，做到"可见、可学、可仿、可行"。只有引导得具体，幼儿才知道怎样做是对的，怎样做是错的，才有利于养成良好的行为习惯。因而，在幼儿教室中创设形式多样的导行氛围，悬挂主题鲜明、适合儿童特点的壁画、时代英雄、名人名言等，充分发挥其陶冶、激励、感染、提示的功能，使幼儿在这一环境中耳濡目染，在潜移默化中养成良好的品德和行为，使幼儿在形象生动中受到教育，在活动中认识自我、规范自我、完善自我，在幼儿天真纯朴的心灵中，播下良好习惯的种子。例如，红花栏的设置，如果今天某某小朋友做好事了，奖一朵小红花；某某小朋友今天哪方面有进步了，奖一朵小红花；等

等。让孩子明白，只要行为是符合社会规则的，就能够得到肯定。红花栏可以使每个孩子获得小红花数量的多少，哪个孩子表现更优秀一目了然。从而激发幼儿的内在动机，使道德要求内化为品质，养成良好的行为习惯。这种特定的环境和生活氛围可以达到养成教育"润物细无声"的佳境。

三、教师应以自身形象影响幼儿，营造丰富适宜的环境，潜移默化地对幼儿进行良好行为习惯的培养

榜样像一面镜子、一盏明灯，榜样的力量是无穷的。幼儿正处在长身体、长知识的黄金时期，模仿力强、可塑性大，所以树立榜样，以典型引导，弘扬文明风尚、抑制不良行为，是养成教育行之有效的方法。幼儿对老师有崇拜感，教师是幼儿争相模仿的对象，教师举手投足之间都孕育着教育，在与幼儿接触中所产生的教师风范对孩子的一生都会产生影响。因此，教师务必严于律己、以身作则，树立良好的教师形象。

1. 以师为表，动之以情

由于幼儿模仿力强，思维具体形象，因而老师要从自身做起，言传身教，注重自己的言行举止，为人师表，表里如一，成为幼儿的表率。凡是要求幼儿做到的，老师也要按照要求做，给幼儿做好榜样。俗语讲："其身正，不令而行；其身不正，虽令不从。"可见身教重于言教，老师的一言一行，都会潜移默化地影响和感染孩子。只有不断地加强自身修养，才能给幼儿以身示范的教育影响。如见面有礼貌的问候，吃完饭打扫卫生，别人有需要帮助的事情主动帮忙，在教室里尽量小声说话，轻轻关门，等等。让幼儿知道良好的习惯是每个人都需要养成的，也是非常重要的。

2. 树身边榜样，发现身边闪光点

在集体生活中，群体之间也为幼儿提供了相互模仿的对象，影响幼儿的自我控制能力。把优秀幼儿学生作为典范在全校宣传，这样典型、生动、具体、实在，更富有激励性和教育性。幼儿有了学习的榜样，就清楚地知道了自己应该怎么做，就会马上改正。如有的幼儿不太喜欢用小手绢擦鼻涕，有鼻涕时就用衣服袖子一抹，还有的随地吐痰不讲卫生，我就请爱讲卫生的幼

儿为他及全班小朋友做榜样，互相比较，让他们知道讲卫生的好处，经过由近及远、由浅入深的不断教育和训练，逐步在孩子的思想上树立起讲卫生的观念。

3. 环境创设，潜移默化

在环境创设上，紧紧围绕有利于培养幼儿良好习惯这一主题，精心设计、大胆尝试，从色彩、造型、内容上，努力为幼儿营造一个轻松自然的教育氛围，让幼儿在潜移默化中受到熏陶，养成习惯。

四、结合幼儿的生活经验，让幼儿理解并参与常规的制定

对于幼儿来说，空洞的说教是无用的，理解必须建立在已有经验的基础上。幼儿经过充分的自身体验，易于理解并自觉地遵守，理解之后更有利于发挥幼儿的主动性。让幼儿参与常规的制定过程，实际上也是引发幼儿思考的过程。午睡前要脱衣服，幼儿有的坐在地上脱，很不卫生。组织幼儿讨论，应该在哪儿脱？怎么脱？由于是幼儿熟悉的事情，他们纷纷发言，有的说在桌子上，有的说在床上……其中婷婷小朋友的意见得到了大家的认可：在椅子上脱，脱好后就把衣服放在自己的椅子上。当天中午，所有的幼儿都坐在自己的椅子上脱衣服，并把衣服放在自己的椅子上。如此看来，幼儿自己出的主意比老师提的意见更有影响，更容易遵守。

五、以表扬、鼓励为主，反复培养，循序渐进，坚持不懈，养成良好习惯

教育家陈鹤琴教授曾说过："无论什么人，受激励而改过，是很容易的；受责骂而改过，是不大容易的。"获得成功教育的秘诀其实很简单，就是表扬。孩子和大人一样爱听好话，喜欢被人称赞，他们总是喜欢得到肯定的评价，哪怕是一个和蔼可亲的眼神、微笑、轻轻的抚摸、点头、拥抱、亲吻等。他们通常在人们对他的评价中认识自己。教师在一日活动中要平等看待每一个幼儿，发现他们的闪光点，多表扬少惩罚。幼儿渴望成人对自己的行为作出评价，也对成人的评价十分敏感。我们班上有一位小朋友上课随意走

动，抢小朋友的玩具，活动期间随便说话，完全不听教师招呼。有一次又到了绘画的时刻，见他站起来正准备乱走，我立刻走过去说："亮亮，你是没有笔吧？我这里有。"而且马上又表扬他说："你看你画得多漂亮呀！很有进步哦。"见我这样说，他点了点头，后来也按老师的要求完成了绘画任务。虽然完成得不是很好，但真的进步了。由此看来，哪怕孩子身上有再多的问题，恰到好处地运用表扬和鼓励，也会收到良好的效果。习惯是在不断重复中逐渐养成的一种比较稳定的行为倾向，培养幼儿良好习惯绝不是一朝一夕之事，要始终如一，持之以恒，将爱与严结合来，才能让幼儿形成良好习惯。

六、家园配合，形成合力

养成教育过程是系统的教育过程，需要家庭、学校、社会的协同作用，形成一致的教育合力。由于幼儿生活在家庭、学校、社会的不同环境之中，决定了对他们的养成教育应该是全方位的紧密配合，步调一致。在学校里对孩子进行养成教育的途径主要是课堂教学和开展丰富多彩的课外活动。仅仅如此，还是不够的。人们比喻孩子接受教育如同数学中的加减法，这就形象地说明了，幼儿在学校所受到的教育，在家庭、社会都有增加或减少，甚至全部抵消的可能。因此，养成教育对幼儿来说，家庭、社会的教育环境、教育思想、教育方法等起着举足轻重的作用。幼儿园要本着尊重、合作的原则，争取家长的理解、支持和主动参与，只有家园进行积极的沟通和有效的互动，才能形成同步教育，达到"$1+1>2$"的效果。

由于三至六岁的幼儿，其行为习惯发展正处于他律的阶段。这个阶段的幼儿把成人看作是一切行为规则的源泉。父母是幼儿的第一任老师，由于亲情关系的影响，父母的行为习惯、作风、爱好、特长和对幼儿的教育方法，对幼儿品德的形成和发展具有潜移默化的作用。所以要使孩子的良好习惯得到巩固，必须要有家庭教育的配合。因此，老师要加强和幼儿家长的沟通，使家长了解幼儿在园内的学习和表现，以及幼儿园的教育主张和养成教育的重要性，以更好地配合幼儿园在家庭中进行养成教育。家长也要及时将幼儿在家庭中的表现、新的动态向老师反馈，以便于老师掌握幼儿的园外表现，有针对性地采取教学措施。另外，要加强与社会有关部门的联系，沟通教育思想，采取配合行动，创造有利条件，共同担负责任，努力做好对幼儿的养成教育工作。

总之，养成教育是一个十分复杂的过程，要综合运用多种教育方法，从培养幼儿良好习惯做起，形成合力，才能收到事半功倍的效果。在推进幼儿养成教育过程中，我们要创设良好的环境，理解和尊重孩子，重视引导，通过模仿和重复，在潜移默化中培养孩子的规则意识，获得良好的社会行为，引导孩子学会沟通和交流，帮助孩子勇敢地表达自己的真实情感，真正走进孩子的心灵，培养孩子的习惯养成能力。让我们用爱去滋润孩子幼小的心灵，用心去呵护孩子，使他们在人生起跑线上跑得更好。

参考文献

[1] 杨燕冰. 区域活动中幼儿良好行为习惯的培养 [J]. 亚太教育，2023，(16)：178-180.

[2] 戴晨佳. 浅谈幼儿良好行为习惯的养成 [J]. 科学大众（科学教育），2019（10）：88.

[3] 陈亚. 家园共育下培养幼儿良好习惯 [J]. 中国教育学刊，2022（7）：108.

乡镇幼儿园如何有效地开展体能活动

韩城市龙门镇第一幼儿园　薛丽娟

摘　要　乡镇学前教育中幼儿体育活动开展得较少，幼儿体育教育的功能在教学中没有得到充分的发挥。幼儿园体育活动质量的高低将直接影响幼儿的身体健康状况。通过对乡镇幼儿园体育教育活动开展状况的研究，对存在不合理和不完善的地方给予调整，提高农村幼儿园体育活动的平均水平。

关键词　乡镇；幼儿园；体育；有效性

幼儿主要通过游戏、体育等活动学习和成长，各类游戏和体育活动对幼儿的智力、创造力等和谐发展具有积极作用。幼儿教育要深刻认识到体育教学对于培养幼儿良好的心理品德的重要作用，可以通过营造生动活泼、和谐友善、团结合作的竞争氛围，培养孩子们的集体荣誉感和团队精神，通过"穿越障碍"和攀、爬、跳、跃的运动，培养孩子们不怕困难、坚强勇敢、勇于战胜挫折的精神，不断体验进步与成功的喜悦，在体能得到锻炼的同时更是一种精神意志的磨炼。然而，教学实践中发现，幼儿园体育教学活动中存在着一些问题和不利因素。

一、幼儿园体育教学活动中存在的问题分析

1. 幼儿体育教学活动过于注重安全因素，幼儿运动量不足

幼儿园必须把保护幼儿生命和促进幼儿的健康成长放在工作首位。幼儿是自我保护能力比较弱的群体，尤其是在动作幅度较大的体育活动或自由活

动中，很容易会出现擦伤、摔伤等事故。然而过于注重安全，教师会滋生"少动少危险，多动多危险，不动不危险"的想法，部分教师会因此压缩幼儿的体育活动时间，或在户外体育活动时对幼儿进行一些限制。过于求稳、保安全，会导致幼儿的运动量不够，运动强度和密度跟不上，不足以满足幼儿身体发展的需要，导致体育活动的价值无法得到实现，也无法促进幼儿身体素质的健康发展。

2. 幼儿体育教学活动过于游戏化，教育内涵欠缺

"以游戏为基本活动，寓教育于各项活动之中"是幼儿园教育工作的基本原则之一。体育游戏是当前幼儿体育教学的主要形式，体育游戏将单调的体育运动与游戏结合，使幼儿在释放自己好玩、好动天性的同时发展了自己的动作技能，增强了体能体质。然而，幼儿体育教学中，过分强调幼儿的兴趣，每个活动中必安排一个或几个游戏，在游戏中幼儿自由度高，很容易处于放任自流的状态，幼儿的基本动作技能训练常常得不到保障，甚至逐渐被忽视。表面上体育活动非常热闹，事实上幼儿的身体素质未能得到实质性的发展。体育教学等同于一般性游戏，丧失了体育教学发展动作、增强体质的核心价值。

3. 幼儿教师缺乏体育教学理论，专业性不强

作为幼儿园体育活动的引导者，幼儿教师对体育理论知识、动作技术的掌握程度直接决定着体育活动开展的效果，决定着幼儿体育教学的质量。当前大部分幼儿教师的体育专业知识匮乏，对体育理论、动作技巧掌握得不够，对幼儿的身体发展状况和运动发展的规律了解不充分。因此，设计的体育活动与幼儿的年龄及身体发展会有所偏差，不能满足特定年龄阶段幼儿身体动作发展的不同需要，幼儿教师设计的活动往往偏离幼儿身体动作发展的最近发展区，或太简单，或太难，体育教学的效能低。

4. 幼儿体育教学教材不统一，科学性不强

当前幼儿园缺乏专门的、科学的体育教材，幼儿教师大多自主选择体育教材、体育教学内容，随意性大。幼儿教师自主选择的教材内容本身的科学性、适宜性有待论证，教材内容之间缺乏相关性、连续性，几个教学内容之

间往往毫无关联，整个体育教学呈现平行、零散、无系统的状态。另外，体育教学的目标大而空，不明确，无针对性，缺乏对目标的纵深分析。如"投掷"，活动目标定位于增强幼儿的投掷能力以及身体的灵敏度，这个目标在活动中操作性不强，而且活动后也很难评价目标的达成度。由于教学内容前后关联性小或毫无关联，这一次是有关投掷的体育教学活动，下一次有可能是跳的体育教学活动，教学内容之间缺乏关联性和递进性，幼儿的相关能力很难得到持续发展。

二、提升幼儿园体育教学活动有效性的策略探讨

1. 矫正家长和教师的思想，给予幼儿充沛的体育活动时间

身体健康是幼儿发展的首位，唯有足够的体育活动锻炼，才能增强幼儿自身的身体机能，进而提高幼儿的身体素质。幼儿在活动中的擦伤、摔倒等是难免的，教师可以教给幼儿相应的安全知识，幼儿自我保护能力提高了，受伤率就会大大降低。另外，幼儿身体的灵活性、协调性、平衡性有所提高了，家长就会明白体育活动对幼儿身心的益处。

2. 合理把握运动负荷，达到应有的锻炼效果

活动和锻炼的强度要适宜,幼儿体育活动的平均心率在140次/分钟～170次/分钟之间较合适。动作练习的数和量要足够，才能达到锻炼的目的和效果。运动密度符合幼儿年龄特点，要照顾到不同年龄幼儿的发展，运动的密度以40%～60%为宜，注意活动的动静交替。

3. 积极开发体育教育课程，促进幼儿体育教育课程的专业化、科学化

课程的内容要有一定的整合性、连续性，即幼儿体育活动必须注重发展的整体性，避免流于狭隘的体能训练，幼儿体育课程的内容要涵盖幼儿基本动作技能和能力等各个方面的训练，促进幼儿全面均衡的发展，课程的内容前后要有递进性。

4. 加强师资队伍建设，提高幼儿教师体育专业水平

针对幼儿的生理和心理特点，在教学活动中，教师的组织要尽量体现出"新、奇、活"的原则，采用多种多样的、生动活泼的，能够使幼儿产生强

烈兴趣和新鲜感的组织形式，以增强教学的吸引力，激发幼儿的学习兴趣和热情。首先要从幼儿教师入手，增加幼儿园教师的体育专业知识与技能的学习和培训，开展体育教育教学方面的讨论和教研活动，以此提高教师的体育教育的专业性。另外，也可以引进体育专业的教师，以点带面来提高幼儿园教师的体育专业水平。

参考文献

[1] 王玉珠. 从素质教育的视角谈幼儿体育教育 [J]. 上海体育学院学报，2007，32（2）：16-17.

[2] 王晓松. 对幼儿园体育活动的新认识 [J]. 学前教育研究，2009，16（4）：25.

[3] 王永霞. 关于幼儿体育活动兴趣的培养 [J]. 南京体育学院学报，2002，13（5）：23-24.

在农村幼儿园开展户外民间体育游戏的研究

志丹县顺宁镇中心幼儿园　王云霞

摘　要　户外民间体育游戏往往具有形式多样、生动有趣、内涵深刻的特点。在幼儿园教学中，引导幼儿开展户外民间体育游戏，能够丰富幼儿园的教学内容，带给学生丰富的学习趣味；能够对幼儿的身体和心理进行一定的锻炼，培养幼儿健康的身心状态；教师还可以引导幼儿对民间体育游戏中蕴含的深刻哲理进行思考，以提升幼儿的思想认知，培养幼儿的思想品质。因此，教师要重视户外民间体育游戏在农村幼儿园教学中的运用。

关键词　农村幼儿园；户外；民间体育游戏

目前，由于地区经济发展的不平衡，农村幼儿园普遍存在着教学资源短缺、教学方式单一的问题。幼儿在幼儿园生活中缺乏丰富多样的休闲与娱乐设施，难以感受到幼儿园生活的乐趣。而户外民间体育游戏具有种类多样、开展方便的特点，能够让教师随时随地带领幼儿展开活动，有效丰富幼儿的学习生活，锻炼幼儿的运动能力，促进幼儿身心健康发展。因此，教师可以将户外民间体育游戏与幼儿园日常教学进行有效的融合。下面笔者就具体谈一谈户外民间体育游戏在幼儿园教学中有效运用的方法。

一、学习游戏规则

户外民间体育游戏的类型是多种多样的,不同的体育游戏有着不同的开展方法。幼儿只有熟练掌握游戏的规则,才能够有序开展游戏,因此,在教学中,教师可以着重培养学生的学习意识,让学生充分了解相关游戏的原理和开展方法,一方面促进体育游戏的有效开展,另一方面培养学生热爱学习的品质。

例如,教师可以引导学生对"跳格子"这一户外民间体育游戏的原理和方法进行学习。首先,教师可以在一张大纸上画出游戏所需要的格子,然后让学生思考:怎样运用这些格子来游戏呢?在学生好奇时,教师可以让学生站在起跳处,将小石头/沙包丢到格子1中,获得起跳资格。再让学生单脚跳进数字2的格子,然后依次按照格子数一直单脚跳到最后的大格子中,跳的过程中脚不可以落地,否则将待等下一轮。但是途中如果经过并排的格子时,可以双脚落地。通过这样的讲解,学生对跳格子这一游戏的展开方法就能够熟练掌握。这时还可以让学生思考:能够从这个游戏中发现数字有什么作用吗?让幼儿体会到数字不仅可以用来计算,还可以用来设定游戏规则,从而体会到知识学习的重要性。

二、提升运动技能

户外民间体育游戏具有较大的运动量,对于幼儿的体力、反应能力和忍耐力都有较高的要求。因此,在游戏开展的过程中,教师要注重对幼儿运动技能的培养,让幼儿不断发现自己在运动过程中存在的不足,掌握提升运动技能的正确方法,从而有效增强自身参与游戏的能力,发挥户外民间体育游戏提高幼儿身体素质的作用。

例如,在进行"打沙包"这一游戏时,教师可以对幼儿的各项运动技能进行针对性的提升。首先,教师可以让幼儿自由展开"打沙包"活动,并观察每个幼儿的表现,发现很多幼儿移动速度过慢,很容易会被沙包打中;一些幼儿过于胆怯,缺乏参与游戏的勇气;一些幼儿运动时间过短,容易产生呼吸急促等问题；等等。教师可以针对幼儿存在的这些问题展开针对性的辅助，对于移动速度过慢的幼儿，可以让其练习短跑，通过让幼儿在较小范围内进行快速的移动来增强躲避沙包的能力；对于缺乏游戏勇气的幼儿，可以对其进行思想教育，消除幼儿对于沙包的畏惧感；对于运动时间过短的幼儿，可以引导其开展适当的跑步活动，增强学生的持久力。同时，教师还可以亲自向幼儿传授打沙包的技巧，比如，可以让幼儿侧着身体进行运动，以此减少被沙包打中的概率，还可以提示幼儿系紧鞋带，穿着便于运动的衣服。在这样的教学过程中，幼儿能够及时改进自己在运动中存在的不足之处，掌握科学合理的运动方法，不断提高参与户外民间体育游戏的能力，并获得丰富的游戏乐趣。

三、感悟游戏内涵

目前，很多幼儿受到家庭的过度关爱，会产生自私、怯懦、急躁等多种心理问题。而户外民间体育游戏的开展原理和开展形式中，普遍蕴含着深刻的教育意义。因此，在运动之后，教师可以引导幼儿结合生活经验，对游戏的内涵进行感悟，让幼儿在游戏过程中产生新的认识、自我反省，及时改进自身存在的不足之处，不断提升思想道德品质。

例如，在进行"跳长绳"游戏时，教师可以引导幼儿对游戏中蕴含的道理进行深刻感悟。首先，教师可以让几名幼儿担任甩长绳的任务，然后让其他幼儿参与跳绳活动。在经过一段时间的运动后，教师可以让幼儿思考：为什么这个游戏能够顺利地展开呢？进行跳绳活动的幼儿能够发现几名甩长绳的幼儿，不断地甩动着绳子，才给自己创造了游戏的机会。从而体会到这些幼儿的奉献意识。之后，教师可以让幼儿思考"为什么有的同学能够跳绳很长时间？而有的同学很快就会出局呢？"幼儿能够发现游戏时间长的同学，普遍具有很好的耐心和毅力，而游戏时间短的幼儿普遍比较急躁。幼儿由此能够体会到专心致志的重要性。之后教师可以让幼儿将感悟到的这些哲理运用到具体的生活中。比如，对于奉献意识，教师可以鼓励幼儿主动承担班级卫生清理的任务，主动为班级进行学习园地的布置；对于专心致志的品质，教师可以鼓励幼儿努力学习，广泛阅读各种书籍，不断提升自身的文化素养。在这样的引导过程中，幼儿能够对户外民间体育游戏中蕴含的深刻哲理进行深入的挖掘，促进自身全面发展。

综上所述，户外民间体育游戏对于丰富农村幼儿园幼儿的校园生活，塑造幼儿的精神品质有着非常重要的作用。在日常教学中，教师可以引导幼儿对游戏规则展开学习，促进户外民间体育游戏的顺利开展；引导幼儿不断提升游戏技能，培养出健康的体魄；另外，还可以引导学生对游戏中蕴含的哲理进行深入的感悟，并进行具体的运用，从而全面提升个人的思想道德品质。

参考文献

［1］宋杨，李广兴. 幼儿传统民间体育游戏在幼儿园体育活动中的开展与实施［J］. 才智，2016（31）：146.

［2］王瑞芳. 农村幼儿园户外游戏园本课程开发的实践与探索［J］. 课堂内外·教师版（初等教育），2020（8）：157.

［3］李玉荣. 民间体育游戏在幼儿园户外活动中的应用价值及方法探析［J］. 考试周刊，2020（79）：115-116.

专注科学领域，开发适宜乡镇幼儿的园本课程

神木市尔林兔中心幼儿园　贾　鹏

摘　要　园本课程的开发要联系幼儿园实际，以幼儿的健康发展为出发点和落脚点，结合具体领域内容进行课程建设。作为幼儿园课程中的重要组成部分，园本课程的开发一方面能充分彰显幼儿园办园特色，另一方面能因材施教，更好地促进幼儿的发展。作为乡镇幼儿园，更要基于乡镇幼儿园实际，我们专注于科学领域，从四个方面探析构建具有乡镇特色的园本课程。

关键词　乡镇幼儿；科学领域；园本课程；开发策略

园本课程主要是指幼儿园根据本园实际自行研发和实施的课程。是幼儿园依据《3—6岁儿童学习与发展指南》精神，利用本园的优势资源构建的完整系统的课程资源。在保教过程中，设计高质量的园本课程，必须秉持科学的幼儿教育理念，遵循幼儿身心发展规律。本文将从四个方面对乡镇幼儿园科学领域的园本课程的开发进行研究探讨。

一、预设主题，为园本课程明确定位

在开发符合本园特色的园本课程过程中，如何确定研究方向是教师们一直思考的重要课题。我们在实践中带领教师结合乡镇幼儿园的特色，从多样

化的探究性主题活动着手，通过多种主题的实施，最终形成系统的园本课程。在这个过程中，需要我们利用农村地区的有利资源去开展和生成主题活动，为科学园本课程开发定位。

比如，针对"灿烂笑脸——向日葵"这一主题，我们可以带领幼儿园的孩子们走进田间山野去认识"向日葵"。通过"认识向日葵幼苗""灿烂笑脸——向日葵花朵""向日葵瓜子从哪里来""嗑瓜子的正确方法"等活动，引导幼儿参与其中。另外，教师还可以带领儿童到田里去"感受向阳花海""美丽的向阳花"等活动，让家里的长辈也参与其中。我们可以将这些活动系统化设计到科学领域的课程中，让幼儿在看似玩乐的氛围中掌握植物生长过程的知识。在这个过程中，教师是在预设目标下带领幼儿进行探究的，通过挖掘乡镇资源让幼儿亲身体验。幼儿通过观察、触摸和探索，发现事物发展的规律，为科学主题课程奠定基础。

二、师幼互动，为园本课程提供活力

师幼互动不仅能为孩子们营造轻松愉快的探究氛围，也能启发幼儿积极参与到主题活动中。教师要善于发现身边科学领域的教育资源，并积极转换为幼儿园的课程资源。

比如，尔林兔幼儿园所处的地方为高原地带，"尔林兔大草原"也是旅游胜地。我们可以借助身边农户的"羊群"，对幼儿进行"认识草原上的云朵——羊群"的教育。我们通过让幼儿体验"放羊"，让幼儿认知，羊主要的食物是什么，它们是怎么进食的；在农户家的羊圈里，可以看看羊的日常活动。给幼儿介绍"草原上的美食——羊肉"，让幼儿体验羊的浑身是宝。羊肉可滋阴补阳，尤其是刚生过宝宝的妈妈，吃"绵羊肉"可快速恢复身体的能量；羊皮可做成衣服，驱寒保暖；羊毛可做成棉袄、棉被、大衣等，进行冬季的防寒，羊骨头可以炖汤；等等。"鄂尔多斯羊毛衫"就是以羊毛和羊绒为原材料制成的。在活动的开展过程中，教师不急于给孩子灌输知识，而是在他们的体验活动中适时引导，让孩子们自主发现和探究，进而激发幼儿认识农村的其他动物公鸡、狗、猪、牛等家禽的兴趣。教师把这些材料进行归纳、整理、总结，形成家禽的认识的园本课程。

三、关注主体，为园本课程增添色彩

一切园本课程都是为幼儿准备的，因此我们要能够充分遵循园内每个阶段每个班级的幼儿特点开展园本主题课程的研究。在科学领域课程的设计过程中，我们必须以自己乡镇幼儿园的幼儿认知为基础，从幼儿的生活经验出发，借助农村特色，在乡间寻找各种教育素材，整合归纳在一起，引导幼儿积极参与到活动中，在寓教于乐中获得知识。

比如，在一次课外活动中，我们意外发现一群孩子围着蚂蚁观看，原来阴天要下雨了，蚂蚁们忙着在搬家呢！这群孩子对蚂蚁有了探究的欲望，教师可以抓住幼儿的兴趣点，捕捉教育契机让幼儿围绕蚂蚁进行多种探究活动，通过让幼儿观察蚂蚁在干什么，引导幼儿分成不同的小组去观察和探索，在这个过程中体现幼儿的主体地位。教师在引导幼儿时，要充分关注他们的生活经验挖掘，引导幼儿积极参与其中，培养其探索的学习品质。

四、注重反思，为园本课程调整思路

教学反思能够帮助幼儿园在设计主题课程的过程中调整思路，在摸索探究的过程中，乡镇的园本课程始终处在实践和调整的动态发展过程中，因此我们要充分重视主题活动实施过程中遇到的问题，针对困难做出调整，帮助教师整合课程材料，让他们对科学教育和科学主题课程有更新的认识。

在探究科学领域园本课程建设的过程中，要定期组织教师集体教研、讨论、反思一个时期的课程实施情况，说一说在课程实施过程中遇到的问题，大家集思广益，共同想出解决对策，同时还要充分思考科学课程与其他课程的融合策略，在探索过程中进一步开发多元化的课程资源，以丰富园本课程教育内容。

综上所述，开发园本课程任重而道远。课程管理者需要对幼儿园办园宗旨和教育理念的内涵层面进行开发，科学活动作为幼儿园教育五大领域的重要组成部分，是幼儿认识世界和获取知识经验的重要途径，我们在开发课程时要能够捕获幼儿天生的好奇心和求知欲，关注科学探究活动，强化我园的园本课程建设，在不断探究的过程中引导幼儿自主创新，品味科学的内涵真谛，在探究和体悟科学的过程中促使园内科学园本课程更加完善。

参考文献

[1] 和江群. 基于儿童发展视域审视农村幼儿园园本课程开发：以L市农村幼儿园为例 [J]. 成都师范学院学报，2017，33（7）：41-45.

[2] 王颖莉. 农村幼儿园开发利用乡土课程资源的困境与出路 [J]. 教育探索，2015（10）：42-44.

浅析环保实用环创对幼儿成长的积极影响

洛川县石头镇百益社区幼儿园　张翠杰

摘　要　幼儿白天的大部分时间通常都在幼儿园，因此幼儿园的环境创设至关重要。幼儿园环境作为一种"隐形教育课程"，对处在身心迅速发展阶段的幼儿具有特别重要的意义，良好的环境可以更好地开发幼儿智能，促进幼儿个性健康发展。在和幼儿相处的日子里，在日常的环创过程中，我发现，用一些新型昂贵材料做出来的特别华丽的环创，还没有用农村现成的既环保又实用的材料做出来的环创更能引起幼儿的兴趣，所以在后来的环创中，我充分利用农村特有的自然环境和社会条件，来打造具有"乡土"特色的幼儿园环境创设，这样不仅让农村特有的环保、实用材料得到充分的利用，又到达了环保的目的，还可以让幼儿在自己熟悉的环境中快乐长大，何乐而不为呢？本文中作者结合日常的教学工作，从五个方面对环保实用环创对幼儿成长的积极影响这一问题进行简要分析。

关键词　乡镇幼儿园；幼儿教育；环境创设

《幼儿园教育指导纲要（试行）》中指出："环境是重要的教育资源，应通过环境的创设和利用，有效地促进幼儿的发展。"幼儿园要创设与教育相适应的良好环境，比如就地取材创设出环保实用的场地，为幼儿提供活动和表现能力的机会与条件，促进每个幼儿健康地成长。幼儿的发展时刻都在与环境进行互动，因此环境是重要的教育资源，由于幼儿的年龄和心理特征，决定了他们缺乏自主鉴别力和思考能力，往往被动地接受周围环境的影响，因而创设环保实用的幼儿园环境，对幼儿的成长是十分有意义的。自从我县在乡镇开办中心幼儿园，农村的幼儿也能像城里的幼儿一样享受同等的教育，作者自参加幼教工作以来就一直在基层幼儿园，多年来亲手开展了多次环创，教育了一批又一批的幼儿，也深刻地体会到，他（她）们身上有着农民的本性，善良、淳朴、直率，甚至有一点鲁莽，但是他们也非常可爱、好学、勤奋。在物质文明发展的今天，探索开展幼儿园环保实用环创，是非常有意义的。怎样让农村宝贵的资源不再流失，把农村特有的东西结合幼儿园实际创设出来，更好地利用这些宝贵资源呢？主要应从以下几方面入手。

一、就地取材，充分发挥幼儿的主动性

我们都知道，幼儿是幼儿园教育活动的主体，教师为幼儿创设环境，是要让幼儿参与其中，因此要充分调动幼儿的积极性和主动性，让幼儿自己主动愉快地参加和接受，这样的教学活动才会有声有色。教师完全可以发动幼儿去收集一些环保、实用型材料，如鸡蛋盘、易拉罐、洗衣液桶、小石头、各种树叶、蛋壳、塑料瓶、纸盒、玉米皮、粮食、各类线等，并和幼儿一起对材料进行卫生、装饰等处理。在处理时，鼓励幼儿大胆表达自己的想法，激发幼儿参与的积极性。在此过程中，既锻炼了幼儿动手动脑的能力，又让他们体验到自己动手带来的成功的快乐，进一步感到自己就是环境的主人。

二、充分利用，最大化发挥设施作用

以我们百益社区幼儿园为例，场地很大，有许多可利用的地方和设施，可充分利用室内外的角角落落，尽可能多地为幼儿提供接受教育的机会和条件。如在室内外的地面，可画上各种图形。上学期，我们全体中层利用空闲时间在幼儿活动场地给孩子画上了传统游戏跑城、跳沙包等的格子。这样就在无形中增加了幼儿从外界接受信息的机会，也方便教师在户外活动时利用这些趣味小游戏来巩固所学知识。在室内，除充分利用墙面外，走廊、门

窗、天花板上都可以用来粘贴或悬挂幼儿的作品，不但具有美化环境的作用，还为幼儿提供了自我展示的平台。

三、开设专栏，增强师幼主观创造意识

可在室内外的墙面开设绘画区、拼图区等特色鲜明的区域，培养和训练儿童的绘画和逻辑思维能力。根据教育教学需要灵活更换用途或内容，如要求幼儿观察一年四季的自然变化，用树叶、草、花等自然物、小动物模型、标本或图片布置在墙上，画面立体、直观、生动、富有情趣，让幼儿通过观察、动手布置来掌握四季的基本特征，也符合寓教于乐的原则。

四、开设"集市"，让幼儿进行角色扮演

在园内开设具有农村特色的区角活动——集市，让幼儿扮演不同的角色。在农村，商品交易最热闹的地方莫过于集市了，幼儿对集市很熟悉，因此开展集市活动能满足农村幼儿参与成人交易活动的欲望，发展幼儿的社会性交往能力，还可以和幼儿一起利用废旧物品在活动中自制"商品"，如农具、粮食、瓜果、蔬菜等。

五、利用面积优势，设置多个区角

乡镇幼儿园一般面积都比较宽广，可充分利用面积大的优势，设置玩沙区、玩水区、种植区等。在种植活动中，师幼可以一起动手种上各种植物的种子，并经常组织幼儿去浇水、拔草、松土、施肥，让幼儿去观察、探索植物生长的奥秘。为了使幼儿通过种植活动获得更多的自然知识，还可以在种植方法上想办法，如把同种植物分别种在水里、沙里、土里，让幼儿观察其不同的生长过程，从而了解植物的生长环境；又如投放两盆植物苗，一盆放在阳光充足的地方，一盆放在阴暗的地方，让幼儿观察两盆植物不同的长势，从而了解阳光对植物生长的作用。通过多种方式的本土化教学，使幼儿园的生活更加丰富多彩。

在工作中我还发现有些幼儿园的环境创设一学期甚至一学年都没有变

化，如春天到了，墙上还是秋天的硕果或者冬天的雪人情景。我想环境的创设要根据教育和幼儿发展需要而不断变化，并且在此过程中，为幼儿提供更多参与活动和表现的机会。如在创设帮助幼儿认识四季变化规律和特点的壁画上，采用留、变、添、减的方法表现树木的变化，春天让幼儿用皱纹纸做成迎春花、桃花，粘贴在树干上；随着气温升高，让幼儿取下迎春花、桃花，添上叶子、补上桃子，表示夏季枝叶茂盛，花儿结果；到了秋季，再让幼儿把绿叶换成黄、红、棕色的叶子，并表示出叶子飘落的情景；冬季来临，让幼儿取下叶子，换上白色的棉花表示雪宝宝，以及剪贴漫天飞舞的雪花和落满白雪的青松，这样，四季的景色在幼儿眼中就会不断变化。

总之，乡镇幼儿园要多层次、多角度利用环保实用材料和农村特有的自然环境和社会条件，来打造具有乡土特色的幼儿园环境创设，让幼儿乐在其中、健康成长。

参考文献

[1] 中华人共和国教育部. 幼儿园教育指导纲要（试行）[M]. 北京：北京师范大学出版社，2001.

[2] 景瑞丰. 乡宁县乡土资源在幼儿园教育中的应用 [J]. 科学咨询（教育科研），2023（9）：181-183.

[3] 吴佳祥，梁文馨. 生态学视域下的乡村幼儿园环境创设模式探究：以广东潮州乡村幼儿园为例 [J]. 韩山师范学院学报，2023，44（4）：90-96.

加强幼儿园德育教育的对策

定边县幼儿园　王永丽

摘　要　为了将品德教育渗透在幼儿的一日生活中，幼儿教师要通过多种形式来加强对幼儿的品德习惯养成教育。本文通过对目前的幼儿园教学情况进行分析，探讨提升幼儿园德育教育效果的有效策略。

关键词　德育教育；幼儿园；渗透

德育是指教师在一日活动中，通过有目的的教学内容，采取有效的方式来提高幼儿的道德品质的教育过程。根据幼儿的身心特点来设计具体的德育活动内容，从而使幼儿能够在教师的引导下参加多样化的品德教育活动。在具体的教育过程中，教师需要给予幼儿基本的道德知识的教导，并且积极地引导幼儿在一日生活中养成良好的行为习惯，保持积极乐观的心态。同时，在幼儿活动过程中，幼儿教师需要将德育融入幼儿的生活，有效地促进幼儿正确的生活态度的形成。同时，由于幼儿的年龄较低，无法深刻地理解价值观与人生观的内涵，因此，需要加强幼儿园德育教育，使幼儿形成初步的道德意识。

一、幼儿园德育教学现状与问题

品德教育是一个人成长的基础、教育的基础，如果一个孩子的品行方面出了问题，其他的都是空的，都没有意义了。因此，在开展德育工作时，需要优化教育环境，明确教育目的。在幼儿园阶段，家长对幼儿有较高的要求,要求幼儿在知识技能方面有很大进步,而不重视在道德意识方面的教育。家长与教师沟通不到位,无法及时反馈幼儿在家中的学习行为和生活行为的问题,导致教师无法及时去纠正幼儿的不良行为,也无法指导幼儿摒弃错误的道德思想。幼儿园和家长的教育理念都需要进行革新。教师一般只关注幼儿的安全问题和学习问题,忽视了幼儿的道德品质的培养。家长认为对幼儿进行教育是教师的任务,不是自己需要去做的事情。家长只关注幼儿的基本的生存需求,并且满足幼儿的生存需求,从而忽视了家庭教育的重要作用。

二、加强幼儿园德育教育的对策

1. 创设良好的道德环境,熏陶幼儿的良好品德规范

愉快的德育教学环境,不仅能够提升德育教育的教学质量,还能让幼儿在日常生活和游戏中提升自身的道德意识。教师需要与幼儿保持良好的沟通,建立和谐的师生关系,认真倾听幼儿的想法,帮助幼儿纠正不良的行为习惯。同时,教师也需要严格要求幼儿在学习生活和游戏中遵守相应的规则,潜移默化地熏陶幼儿的道德品质。除此之外,教师需要时刻注意自己的行为举止。这是由于在幼儿园阶段,幼儿会模仿教师的言行,所以教师需要在教学过程中以身作则,以最好的状态去面对幼儿,并且开展有效的德育教育工作。教师还需要与家长进行有效交流,让家长密切关注幼儿的行为变化,采取有效的教育措施,引导幼儿形成良好的品德意识。幼儿园教师需要指导家长开展家庭德育教育工作,建议家长以亲切、平等的态度与幼儿沟通,理解幼儿的情绪与行为。

2. 及时抓住教育契机,赞扬良好道德行为

在幼儿的日常生活中,教师需要在生活及游戏过程中抓住教育契机,及时赞扬幼儿的良好道德行为。比如幼儿在学习生活中对他人表达感谢、打扰了对方表达歉意等,教师需要及时表扬。而对于喜欢抢别人玩具或者欺负他人的幼儿,教师需要及时帮助纠正。教师要及时强化幼儿的良好品德行为与意识。当得到教师的表扬时,幼儿就会自觉保持良好的行为,从而强化自身

的良好道德行为习惯。在教学活动当中，幼儿园教师需要针对幼儿的情况，包括幼儿在游戏过程中的行为表现进行评价。只有让幼儿意识到自身的行为习惯能够得到正向的评价，才能提升幼儿的自尊心、自信心。

3. 幼儿园情景表演模式，有效渗透德育教育

表演是幼儿喜欢的游戏形式，幼儿会在表演中受到良好的熏陶。教师可以采取情景表演模式的教学方法来渗透德育教育，激发幼儿的参与积极性。教师要在教学环境中为幼儿设计合理的表演内容，通过分组表演来提高幼儿的积极性，从而有效实现德育教育的教学目标。比如，在培养幼儿遵守规则的行为规范类的德育教育中，教师可以让幼儿分成小组，开展主题为"我是小小交通警察"的表演活动。教师让幼儿分别扮演路人和警察，然后让扮演路人的幼儿拿着不同的卡片去找警察，如果该卡片上的行为没有违反交通规则，就可以拿到警察手里的一朵小红花；如果违反了交通规则，就不能拿到小红花。在进行表演之前，教师需要向幼儿详细地讲解交通规则的基本知识，同时让幼儿知晓不能闯红灯的原因，讲解之后，幼儿能够理解基本的交通规则法则。在表演的过程中，幼儿通过角色扮演，能够提高对遵守规则的认识。比如每一个小组的成员都需要遵守交警的指挥，小交警们要及时纠正行人错误的行为。在表演结束之后，教师可以评选出优秀的小组。通过这样的表演形式，能够培养幼儿的规则意识，从而达成德育教育的渗透目的。

4. 幼儿园实践活动，有效渗透德育

在养老院里开展实践活动，让幼儿能够了解到敬老的意义，从而培养自身的良好品质。除此之外，我们还在幼儿自主游戏中培养幼儿的集体意识与合作意识。首先，在户外游戏区域根据幼儿的喜好选择不同的游戏活动。喜欢安静的幼儿，就让其玩泥巴，制作泥人；有些孩子很活泼，就可以让其选择玩具车，通过与同伴之间进行汽车比赛来开展游戏。在实践活动中，教师向幼儿灌输正确的品德思想，让幼儿形成良好的品德意识。比如，在开展"变废为宝"的实践活动中，教师需要关注每一位幼儿的实践情况。在利用废光盘进行创作的环节中，有的幼儿不知道如何进行创作，会出现失落的情绪。教师需要及时关注每一位幼儿的情绪变化，及时指导幼

儿开展实践活动，从而增强幼儿的自信心，帮助幼儿健全自身的人格，对幼儿进行德育教育渗透。

5. 积极与幼儿沟通，增进与幼儿的情感

教师需要与幼儿进行有效的沟通，增进与幼儿的情感，从而培养幼儿的道德品质。在教学过程中，教师以朋友的身份与幼儿进行沟通，能够让幼儿乐于接受教师的指导，从而自觉提升自身的德育素质。

在加强幼儿园德育教育的过程中，教师不仅要判断幼儿的道德发展水平，还要将活动内容与幼儿的学习生活相结合，营造情景式教学模式，提高幼儿的自主学习、自主游戏的能力，积极与幼儿交流，加强与幼儿的情感交流，从而有效地开展德育教育。

参考文献

[1]张莹.幼儿园德育工作教育有效探究[J].读与写,2021,18(34):272-273.

[2]刘晓英.学前教育中提升德育教育的路径分析[J].妇儿健康导刊,2021,11(8):84-85.

[3]刘冬梅.新时代幼儿园德育工作的实践与思考[J].华夏教师,2021(20):5-6.

[4]郭芸妃.德育在幼儿园活动中的渗透策略研究[J].互动软件,2021(1):229,233.

幼儿园小班家长工作实践策略研究

渭南市临渭区示范幼儿园 吴 亮

摘 要 家长工作是幼儿园班级管理中的重要组成部分。有了家长的理解与支持,班级的各项工作才能更加顺利地开展。本文以示范幼儿园小班为例,立足家园共育活动的开发与实践,研究幼儿园小班家长工作策略。从家长层面的理性思考,纵向延展交流思路和内涵,多途径有效落实家园共育的提升等几个方面,总结研究成果和实践经验。

关键词 幼儿园;小班家长工作;家园共育

每年的9月1日,我们会迎来很多新的小朋友,这是他们踏入社会的第一步,他们对幼儿园充满了好奇、憧憬、喜欢,同时他们又有很多的忐忑不安。我们通常把孩子的这一种焦虑称为"分离焦虑"。其实在孩子新入园的时候,有这种分离焦虑情绪的不仅是孩子,还有我们的家长。

面对孩子新入园的情况,我们一般会建议家长提前为孩子做好思想动员工作。同时也为自己做好思想准备。孩子入园前,在家里都是两个大人或者四个大人带,他们总害怕孩子摔着、饿着、碰着、冷着。如果孩子去了幼儿园,那么多的孩子,只有三位老师能照顾过来吗?家长们恨不得让老师了解自己孩子所有的情况,更希望老师多多关注自己的孩子。孩子刚上幼儿园,家长的心里忐忑不安,各种各样的不放心。为此我们急需对小班家长工作进行更深入的研究。

（1）以幼儿园和家庭双方的需求为契机，组织开展家园共育活动，吸引家长参与幼儿园教育活动。

（2）提高保教人员自身修养和素质，尝试不同的沟通方式，建立新型的班级合作伙伴关系。

（3）提升家长的育儿观，增进家长与教师互动式的教育方式，采取正确的教育方法，减轻小班家长"依恋""依赖""担忧"等心理。

（4）指导家长开展亲子教育，配合家长了解孩子的成长状况。

认真学习、贯彻《幼儿园教育指导纲要（试行）》《3—6岁儿童学习与发展指南》精神，广泛吸纳新的教育理论和实践成果，结合本幼儿园的实际做好研究。有目的有计划地对家长工作进行系统、连续的考察、记录、分析，获得事实材料，从而取得"双赢"。针对有个体倾向的幼儿，真实记录、匹配策略，做到既面向全体又关注个别。

一、开展小班家长工作的有效策略

1. 树立正确的育儿观

家庭是幼儿最早接触的生活环境，家长对幼儿各方面的影响是幼儿园无法代替的。对家长来说，由于专业知识的相对欠缺，尤其对于幼儿心理发展、生理发展、各年龄段细化的教育重点可能不是很了解，如果单凭生活经验对幼儿实施各方面的教育，效果可能不那么理想。因此，要通过各种途径对家长的思想、行为等提出合理化建议，促进幼儿更好的发展。"家长学指南，用指南"的实施，"家长育儿小知识"的专栏分享，提升了家园合作的空间，减少了家园共育的阻力。

2. 提升保教人员综合素质，提高家长工作质量

"遵守道德规范、保持高尚人格"是作为幼儿教师最起码的标尺。在实践活动中，通过开展"如何做好家长工作"的培训，落实幼儿刚入园时家园合作的成效。在教师本身业务提升需求上，安排并组织课题组成员走出去参加关于"班级家长工作"的相关培训，提高教师的专业技能和职业素养。

讲究谈话技巧，尊重家长、尊重孩子。在与家长交往的过程中，教师应如何向家长反映幼儿的情况，并提出批评呢？

首先，单独批评，避免伤害家长的感情。教师向家长反映情况，一般是在下午幼儿离园时，这时家长和幼儿很多，应尽量避开其他的幼儿和家长，否则，会造成误会，家长会以为你在出他的丑，容易伤害家长的感情，就会影响批评的效果，甚至产生不良的后果。因此，教师在向家长反映幼儿在园内的不良习惯时，一定要注意场合，避免伤害孩子及家长的感情。

其次，先报喜，后报忧。不管是"对中有错"还是"错中有对"，幼儿的优点、点滴进步都要先告诉家长，不吝惜对幼儿的赞美与期望，不要懒得说，对于孩子，应该多表扬。报喜说明教师喜欢孩子，然后再耐心诚恳地指出问题所在，用请教式的态度和口气提出看法，用商量的态度，把解决问题的主动权交给家长，耐心地听取家长的意见，使家长产生伙伴般的亲切感，进而增进理解，达成共识，形成合力，对幼儿开展耐心的说服教育。

3. 开展家长活动促和谐

实践过程中采用新生家长会、家长开放日、《3—6岁儿童发展与学习指南》之家长学习心得征文、亲子制作、亲子社会实践活动、亲子运动会、亲子元旦及庆六一等活动。不仅增进了亲子之间的关系，加深了家长之间、家长与教师之间的情感，也让家长感受到了幼儿的进步以及教师在家长工作方面所付出的努力。

新生家长会：在研讨中形成一个系统的见面内容，帮助家长在孩子入园前的一段时间里有意识、有目的、有计划地对孩子进行一系列的生活心理、人际交往等方面的准备训练，使其尽快适应新环境。在第一次的见面会中向家长介绍幼儿园课程的组织方式、幼儿园的环境教育、幼儿园区域活动、幼儿园一日生活教育以及游戏化集体教学方式等。获取家长对教师的尊重与信任，有利于开展家园共育活动。

4. "约访"下有效沟通

在常态家长会、家园联系手册、家长园地、电话短信及网络信息传递的同时，采用了一项家长满意而教师觉得麻烦的"约访"。教师将幼儿在园内的一些举动进行前期梳理并记录，利用离园时间进行细致的沟通交流。这样的方式能让家长细致而全面地了解幼儿在园的情况。

5. 个案跟踪研究

教师选定两个观察点（代表性强的幼儿），对其进行跟踪实验。将对幼儿的观察记录与幼儿成长手册相结合，有效整合，减轻教师的工作量，提高保教质量。

二、研究结果分析

1. 调查调研寻问题找原因

对小班所有家长进行了问卷调查；对刚入园的几位幼儿的家长进行了访谈；随机对大中班经验丰富教师进行了访谈。

发现以下问题：

（1）教育理念、态度和教育方法的分歧。

（2）问题归因的分歧。教师和幼儿家长的矛盾，表现在对幼儿成长过程中出现问题归因的分歧上，如有的幼儿的身体状况总是不尽如人意，一到幼儿园就生病；有的幼儿存有某些不良的行为习惯，纠正多次仍有反复；等等。

（3）评价的分歧。俗话说："父母看自己的孩子总是最好的。"家长总认为自己的孩子是最聪明的，而老师在通过与全班幼儿相比较后，则认为很普通。也有的家长对自己孩子的评价低于教师，在家长看来"恨铁不成钢"的孩子，老师可能认为还很不错。

原因分析如下：

教师原因：教师缺乏系统的交流经验，可能会与家长相互推诿责任，不考虑孩子的具体情况，把责任推给对方。

家长原因：孩子家长的文化水平、家庭背景不尽相同，导致他们对幼儿教育的目的存在不同的理解，从而采取迥然不同的教育方式，有的严厉粗暴，有的方法简单，信奉"棍棒"教育，而我们教师讲究的是耐心说服的民主教育的态度、方法。有的家长怕自己的孩子吃亏，而教师教育幼儿要互相谦让。这些显然是相互矛盾的，而这些分歧也妨碍对幼儿的教育。另外，家长对幼儿教师职业欠认识、尊重与信任。

2. 研究实践找方法求突破

教师如何处理好与幼儿家长的关系？

及时调整心理角色。由于幼儿的生理心理还不成熟，尚未形成稳定的人格特征，所以他们对教师表现出很强的依赖性和顺从性，极易接受教师的影响。教师在与孩子相处的过程中心理轻松，无负担，占有优势地位，有一种优势心理。而面对幼儿家长时，教师的这种优势心理没有了。因为家长是生理心理都比较成熟的成年人，且具有丰富的人生经历和相当的社会经验，教师与家长相处是成人间的交往，相比之下，教师会产生一定的心理压力，所以，教师在与家长交往时，就应该及时调整自己的心态，调整心理角色，以真诚、友好的心理态度与家长进行成年人之间的交流与学习。

掌握足够的家庭教育知识，提高自身的威信。教师具有家庭教育的知识，会更好地向家长汇报分析幼儿的成长发展与不足，回答家长对孩子问题的咨询，有针对性地宣传一些科学育儿的知识、方法，有的放矢地为家长在教育孩子过程中遇到的一些难题、疑惑，进行分析指点，出谋划策，提出建议，帮助家长解决具体困难，从而提高家长科学育儿的水平，也赢得了家长的尊重与信任。教师掌握足够的家庭教育知识，有助于教师与家长的交流合作，形成教育合力，从而使得幼儿园教育起到事半功倍的效果。

任何人际关系的相处都是互动的，是相互影响的，教师在与家长的交往过程中要主动和幼儿家长交朋友，搭建相互联系的桥梁，取得家长对教师的信任。教师与家长初次接触时，不可避免地会有生疏感，那么教师应主动向家长介绍幼儿园的情况及幼儿在园各个方面的表现，从而使家长了解幼儿园，理解教师的意图和方法，赢得家长的信任，配合教师的工作。教师还应主动消除幼儿家长的顾虑，避免相互之间的误会。事实上很多家长是带着"顾虑"送孩子去幼儿园的，对此，教师要主动了解家长的顾虑，揣摩家长的心思，抓住问题的关键点，选择恰当的时机，真诚、友好地与家长交流看法，并以实际行动消除家长的顾虑，取得家长的信任，让家长放心。教师还要正确对待家长并非合理的意见。个别幼儿家长对教师不够尊重，对幼儿园工作有偏见，不了解教师的苦衷，有些批评不够符合事实，对此，教师应该保持冷静的心态，换位思考，主动沟通情况，耐心地做好解释工作，坦诚交流看法，澄清事实，取得家长的理解。

经历这项实践与研究，小班家长之间、家长与教师之间的关系悄悄发生了可喜的变化：家长对教师的信任度、美誉度提高了，教师解决问题的能力、概括总结能力也提高了。这一点在"教师成长集锦"和"家长活动集锦"中可以明显地表现出来。

参考文献

［1］教育部教师工作司.《幼儿园教师专业标准（试行）》解读［M］.北京：北京师范大学出版社，2013.

［2］孙娓娓.家园合作存在的问题及策略［J］.景德镇高专学报，2014（4）：120-121.

新常态下幼儿园教师队伍建设策略

延安市安塞区化子坪镇第二幼儿园　刘英英

摘　要　幼儿教育是国民教育的重要组成部分，是我国国民教育和终身教育的奠基阶段。幼儿园教师队伍的状况，直接关系着办园水平和孩子们的成长。幼儿园教师是完成保教工作核心任务的主力军，提高保教工作质量要靠教师全身心的投入，尤其是在孩子多、教师少的情况下，教师的任务更加繁重，责任也更加重大，因此，提高幼儿教师队伍的管理质量成为幼儿园管理工作的关键。

关键词　幼儿园教师管理；幼儿教师队伍；教师培训

幼儿园的管理工作，说到底是人的管理，尤其是教师队伍的管理。幼儿园教师是完成保教工作核心任务的主力军，提高保教工作质量要靠教师全身心的投入，尤其是在孩子多、教师年轻又少的情况下，教师们的任务更加繁重，责任也更加重大，因此，做好教职工队伍管理是幼儿园整个管理工作的关键。下面我谈谈自己多年工作的一些体会。

一、转变观念，打造一支结构合理的教师队伍

俗话说得好：火车跑得快全靠车头带。领导班子要提高管理水平、决策能力以及业务指导能力。首先，园长是幼儿园第一责任人，要以身作则，全体教职工都在看你的一言一行，要求教师做到的自己首先要做到，才有说服

力，达到政令畅通。当教师出现工作失误或者问题后，作为园长要冷静分析，妥善处理，同时也要敢于承担责任。其次，园长负责幼儿园全盘工作，管理幼儿园人、财、物，不能凡事亲力亲为，要合理分工，层层落实责任制，而且要调动班子其他成员的工作积极性，发挥好她们的作用。幼儿是祖国的希望，民族的未来，作为幼儿素质教育的承担者、实施者，教师队伍的结构状况，很大程度上影响着幼儿教育质量的高低。为此，作为幼儿园的管理者，一方面要加大投入，提高待遇，积极引进高学历人才，提升幼儿教师队伍整体素质；另一方面，要结合园情，不断优化年龄结构，建立一支老、中、青比例合理的教师队伍，这样才能保持幼儿园的持续健康发展。

二、加强职业道德教育

"学高为师，身正为范。"没有明确的奋斗目标、高尚品德和良好作风的教师，很难育人，这样的教师也是一个不称职的教师。从"木桶理论"中我们知道：如果木板与木板之间存在缝隙，那么其容量只能为零；即使有了做桶的板材，如果没有桶箍，充其量也只不过是一堆木板而已，容量同样是零。这"桶箍"即幼儿园的凝聚力。幼儿园要和谐发展，"木板"与"木板"之间的配合必须密，要达到"天衣无缝"。如果幼儿园教师之间有隔阂，步调纷乱，甚至互相拆台，那么，幼儿园的工作肯定做不好。同时，一个幼儿园如果没了凝聚力，就会如一盘散沙一样，各行其是，会大大削弱幼儿园的发展之力。因此，必须加强教师的职业道德教育和理想教育，努力形成一个团结协作、积极进取、富有凝聚力的战斗团体。幼儿教师的素质决定着教育教学的质量，一名合格的幼儿教师，首先是一个有良好道德品质的人，这样的幼儿教师才会踏踏实实工作，认认真真做人。通过师德师风建设，让老师们形成热爱幼儿教育，热爱孩子，有高度的责任感和良好态度的教学风范。对于一个幼儿教师，我认为不仅是要敬业奉献，更重要的是要有饱满的热情和激情，有一颗热爱孩子的心，善于观察孩子，了解孩子，并能满足孩子发展的需要，这样才是一名真正合格的幼儿教师。所以，我认为加强职业道德教育对幼儿教师来说很重要。组织学习《幼儿园规章制度》《中小学教师职业道德规范》《怎样做一个合格的幼儿教师》《教师文明礼仪培训》等，并要求老师们写出师德师风学习的心得体会。久而久之，逐渐把师德师风教育贯穿于幼儿园工作的各个环节，体现在幼儿园教职工的一言一行中，进而形成一种优良的园风。

三、提高教师专业水平

"木桶理论"告诉我们：如果要盛更多的水，就要将短板接长。"一花独放不是春，百花齐放才春满园。"一所幼儿园的实力往往取决于它的整体状况，可以说，幼儿园的发展，靠的是教师的整体素质。同时，一只木桶的容量，还取决于不一样长的木板构成的桶底，没有桶底，容量只能为零。不仅如此，一只木桶的储水量，还取决于木桶的直径大小。"桶底"即教师的人文素养及掌握的各项专业知识和技能，直径即为教师素养的广度和深度。一所幼儿园既要和谐，更要持续地发展。在发展过程中，"水量"就会不断地增加，这就需要桶底坚固无缺，否则，"桶底"泄漏，甚至开裂脱落，就会令整个"木桶"崩溃。所以，需要园长在注意木板长度的同时，多渠道增加"桶底"的厚度，打造坚固耐用的"桶底"。当然也更需要增加木桶的直径，因为这也是提高盛水量的重要因素。所以作为幼儿园领跑者的园长，应积极为教师的专业发展营造良好的氛围。

1. 要规范标准，统一要求

每周组织教研组活动，如集体备课，各项基本功培训（书、写、画、弹、唱、跳、诵等），积极参加各级部门组织的培训，不断向其他优秀园学习，提高每个人的自身素质。

2. 注重岗位培训

为了提高广大教师的学历和业务水平，除了分期、分批组织骨干教师参加上级举办的各种形式岗位培训外，还多次组织骨干教师外出学习、听讲座，座谈交流经验体会，吸取新信息等，拓宽教师的思路，提高了教师的理论水平和教学水平，并按照任人唯贤的原则大胆启用新人，让教师中才华出众者能获得相应的表现舞台，对颇有潜力的教师也能找到值得认可的位置，使他们的自尊心理得到相应的满足。这样就足以使教师在成长的道路上获得自信心，从而有效地激发了青年教师的进取心和成就感。

3. 为教师创设和谐、民主的工作环境

要为老师营造和谐、向上的精神环境。就我们幼儿园来说，教师少，工作量大，只有让教师们达到最佳的组织状态和精神状态，才能发挥出每个人的潜在能力。作为园长，把我们的幼儿园当作一个和谐的大家庭，互相之间要以诚相待，还要把老师视为自己的姐妹，平时要多和老师们交流，对老师们在工作中或生活上遇到的困难要及时关心和解决。另外，幼儿园的每一项决定，都必须反映教职工的心声和意识，代表绝大多数教职工的利益，体现教师的主人翁地位，让教师有知园情、议园政、理园事、督园务的权利，自觉自强，为幼儿园的发展出谋划策，献计献力。充分调动起教职员工的积极性，形成全员参与、建园爱园的良好氛围。工作要有原则，谁有错就批评，谁有成绩就表扬鼓励。做到公平公正。教师的晋级晋职是大家都关心的问题，也是热点敏感话题，因此，作为一园之长，不能暗箱操作，不给教师知情权，否则就会引起教师的不满，挫伤教师的工作积极性。要事先向老师们"透透风"，听听大家的反应，摸摸情况，征求有关人员的意见，事后公开结果，做到一碗水端平，使老师们心服口服。只有让老师和园长之间没有隔阂，让老师们心情愉快，他们才能全力以赴地投入到工作中去。在严格的规章制度下要让老师们人尽其才，各尽所能。我园的教师，除了完成保教任务，还要做许多临时性的工作，尽管幼儿园为他们创设了一定的外部条件——宽松和谐的人际关系，展示才华的均等机会，但这毕竟是外因，外因要通过内因起作用，我们引导大家把握机会，严格要求自己，给自己定下高标准，我常常用"机会只垂青有准备的人"来鼓励老师们。不可否认，一个人的能力有大小，但是只要你合理利用，就能发挥最大潜能，满怀信心主动地去干好自己的工作。

总之，幼儿园管理工作是一门艺术，在工作中，每天都需要我们观察、思考、总结、反思。工作中要讲究方式方法，既要团结合作，又要分工明确，各负其责，才能达到有效的管理。教师队伍建设必须在幼儿园教育教学实践中进行。立足"园本",思考"木桶理论",我们不难得出这样一个结论:提高幼儿教师的专业素养,促进教师成长,培养一支勇于创新、敢于实践、善于研究、乐于奉献的教师队伍,是幼儿园创新发展的根本。只有这样,才能跟得上时代的步伐,才能提升幼儿园管理水平和保教水平,才能实现争创一流、办出特色的办园目标。

参考文献

[1] 彭泽平,曾丽樾,李礼.新中国幼儿教师队伍建设的历程、经验与前瞻[J].教育学术月刊,2021(7):18-25.

[2] 索成林.提高幼儿教师专业素养的基本策略[J].教育理论与实践,2016,36(8):37-38.

[3] 滑红霞.增强幼儿教师职业吸引力的策略[J].教育理论与实践,2014,34(29):32-34.

如何做一名优秀的幼儿园园长

富县交道中心幼儿园　何　艳

摘　要　2015年1月教育部颁布的《幼儿园园长专业标准》从园长工作的三大范畴——价值领导、教学领导和组织领导出发，确定了园长的六个核心工作领域（六项专业职责）——规划幼儿园发展、营造育人文化、领导保育教育、引领教师成长、优化内部管理和调适外部环境，体现了专业理解与认识、专业知识与方法、专业能力与行为三个维度方面对园长的职业内容界定。一名优秀的园长应该是幼儿园的总规划师，是幼儿园发展和改革的领导人，是幼儿园课程与文化建设的带头人，是幼儿园教学和管理的负责人，更是幼儿健康成长和教师专业发展的引领人。

关键词　幼儿园；园长素质；幼儿园发展

"一个好园长，就是一所好幼儿园。"我常听到这句话，也常常思考什么样的园长算是好园长。

回顾我从一名普通的教师成长为园长的经历，几任园长不同的人格魅力和管理作风都在我的身上留下了或多或少的印记，我想我心目中优秀的园长应该是幼儿园的总规划师，是幼儿园发展和改革的领导者，是幼儿园课程与文化建设的带头人，是幼儿园教学和管理的负责人，更是幼儿健康成长和教师专业发展的引领人。一名优秀的园长应该是德、才、学、识兼备，能经受得起任何的考验和检查。

2015年1月教育部颁布的《幼儿园园长专业标准》,从园长工作的三大范畴——价值领导、教学领导和组织领导出发,确定了园长的六个核心工作领域(六项专业职责)——规划幼儿园发展、营造育人文化、领导保育教育、引领教师成长、优化内部管理和调适外部环境,体现了专业理解与认识、专业知识与方法、专业能力与行为三个维度方面对园长的职业内容界定。如果说这是做好一名职业园长最基本的要求的话,我认为一名优秀的园长还应具备以下素养。

一、长远的眼光和开阔的视野

眼光是知识的结晶,是一个人综合素质的集中体现。眼光的长短,很大程度上取决于知识储备量和志向的大小。作为园长首先要具有广博知识和终身学习的本领,能做到与时俱进,勇于创新。其次,要学会观察问题、分析问题和解决问题。再次,要具有辩证唯物主义思想,要做到全面、辩证、发展地看问题,善于用分析、比较、综合、归纳等科学的方法,去粗取精,去伪存真,由近及远,由表及里,由现象到本质。只有这才能做到眼观六路,才能在遇到问题时思路清楚,眼界开阔,站得高,看得远。

二、文雅的举止和得体的礼节

美好的礼仪是全人类共同的追求,一个园长应举止文雅大方,场合上礼节得体,交往中礼让周到,风度翩翩,不卑不亢,注重个人品位提升。在自己讲礼仪的同时,也在广大教职工之间大力提倡讲文明礼貌,试想在这样的园长带领下,幼儿园也一定会树立谦虚谨慎、不骄不躁的作风,形成人与人之间相互尊重,社会和谐,家庭和睦,师幼和谐共处、共同成长的良好氛围,会用心呵护孩子的童年。

三、会听善听、听以致用的过人本领

一个优秀的园长要听取来自不同角度的声音。多渠道的信息是一个人做出正确判断和选择的前提条件,园长要和周围的人打成一片,融入他们当中,成为他们的知心朋友,就能随时听到他们的肺腑之言,这样获得的信息就更直接、更具有可靠性。同时,在工作和生活中,要牢记兼听则明、偏听则暗的道理,博采众长,海纳百川,切不可以苟苟且且,小里小气,也不可以以获取小道消息为乐,尤其不可以以那些捕风捉影的市井闲话为据而做出错误的判断和选择。

四、温和可亲、面带微笑的外在形象

面带微笑看起来是小事,也容易做到,但长期保持发自内心的微笑也不是所有人都能做到的。如果园长做到了,通常情况下,就会赢得周围的人的好感,势必为自己创造了一个良好的人文环境。当领导的做到和蔼可亲,平易近人,可以增强亲和力,群众乐于与这样的领导接触,往往就能得到群众的拥护;机关工作人员面带微笑服务,可以一改长期以来在老百姓心目中的"门难进,话难听,脸难看,事难办"的印象,就会受到群众的好评;当教师的面带微笑,就能实现"亲其师,信其道",就能大大改善师生关系,出色地完成教书育人任务;当服务员的面带微笑,热情服务,就有利于招引顾客,就能给企业带来效益……由此不难看出,"温和可亲,面带微笑"是优秀园长必备的外在形象。

五、爱岗敬业、诚实守信的可贵品质

每一种职业,都是社会需要。在平凡的岗位上,可以做出不平凡的事迹,可以得到社会的尊敬;在比较艰苦的岗位上,可以做出超乎常人的贡献,会得到更高的荣誉。天下难事,必作于易;天下大事,必作于细。涓涓细流汇成大海,有时细节决定成败。园长是幼儿园发展的旗帜,一言一行都应是教师和小朋友学习的榜样,因此,优秀的园长总是以极其负责的态度对待别人,用极其严格的要求对待自己。不轻易许诺,一旦应允,必定会履行诺言。会言而有信,处处以身作则,爱岗敬业,实事求是,突出工作重点,解决工作难点,立足当前,着眼未来,从一点一滴做起,出色地完成各项工

作任务。

六、勤学好问、控制情绪的端正态度

勤学好问是一个良好学习品质。在幼儿园管理的日常工作中，疑问也一定是很多的。作为园长要有"绝知此事要躬行"的态度，"打破砂锅问到底"的精神，多实践，求真知，不耻下问，无论教育教学还是后勤管理，幼儿园园长都应成为行家里手。园长有这样的虚心好学精神，教师不但不会瞧不起你，反倒会肃然起敬。同样，在日常工作与生活中，触及园长底线，令园长发怒的事常有，假如园长情绪用事，那么就会深深陷入烦恼的泥潭，难以自拔。盛怒之下也容易造成决策失误和说话离谱，常冲动更会降低园长的威信。一个优秀的园长应当加强情感修养，提高自控能力，力争做到每临大事有静气。每日三省吾身，常怀律己之心，常想冲动之害。待人以宽，多换位思考，多在和平的氛围中处理纷繁复杂的问题。另外，要时时刻刻做到心中有法，督促自己在法律的框架里做事或解决问题。

今天，当我站在一个乡村幼儿园的角度来思考如何做一名优秀的园长时，我认为还需做到两点：

一是要有清醒的定位和认知。对幼儿园和园长个人，园长都应该有一个清醒的定位和认知。区别于城区幼儿园的学位紧缺、大班额现状，乡村幼儿园存在一个共性的问题就是入园幼儿的减少和往城区流动的趋势。生存，是每所乡村幼儿园面临的最紧迫的"课题"，因此，园长首先要思考的头等大事就是如何生存下去，幼儿园的工作重点都应该围绕这个"课题"去展开。认识到农村幼儿园教育面临落后的育儿观念、家庭社会普遍不重视、幼儿园孤掌难鸣等现状，作为乡村幼儿园园长肩上还必须扛起教育家长这样的职责，舍弃华而不实的活动，从最基础的教育做起，做好长期坚持下去的准备，这可能是之前很少考虑过的工作职责内容。

二是要有坚守初心的定力和毅力。相比城区的幼儿园，乡村幼儿园发展中面临的困难和问题要多很多，而今这个时代，有太多的竞争、太多的挑战、太多的选择，还有太多的诱惑，作为乡村幼儿园园长一定要有做好农村幼儿教育的坚定信念，明确自己要做什么，看到自己的优势与特点，不去做超越客观条件限度的事情，不折腾幼儿园和老师。园长的工作需要承受来自各方的压力，这些压力对自身的修养会提出更高的标准。因此，乡村幼儿园园长要以更加顽强的毅力坚守初心，要用更加豁达的心态磨炼做人做事的定力。

总之，一个优秀的园长应当是一个能经常对自己的工作进行反思，善于发现自己工作中的长处和不足，能将自己的长处发挥得淋漓尽致，并能努力去修补自己的短处，在工作中不犯同样的错误的人。一个优秀的园长还应当是一个具有"不断进取、永不满足"精神的人。如何做一名优秀的园长，这是一个研究性课题，需要我们不断地探究和论证，并在实践中逐步完善。

参考文献

[1] 教育部关于印发《普通高中校长专业标准》《中等职业学校校长专业标准》《幼儿园园长专业标准》的通知[EB/OL].（2015-01-12）[2022-07-10]

[2] 王小英,刘思源.幼儿园园长培训课程建构的理论基础与核心观念[J].东北师大学报（哲学社会科学版），2019（4）：153-158.

[3] 朱玲.幼儿园园长对幼儿园实施人文管理的途径分析与解读[J].科学咨询（教育科研），2020（10）：189.

幼儿教育中体验空间建构的实践探索

彬州市北极镇中心幼儿园　辛凯博

摘　要　三至六岁的幼儿处于以形象思维与动作思维为主的心理体验阶段，操作体验、实验体验、游戏体验成为最适合幼儿学习的教学方式。因此幼儿教育需充分认识到体验性教学对该时期个体健康发展的价值意义。幼儿园可通过物理空间的建构、交往空间的优化与文化空间的美化等多个维度，为幼儿创造生动丰富的体验空间，在有意义的体验活动中促进幼儿乐观、善良、率真地成长。

关键词　幼儿教育；体验教育；体验空间建构

体验是一种生命的深刻感悟，丰富且深刻的体验是促进幼儿生命成长的有效推动力。幼儿园的孩子一般都是三至六岁的年龄，这个阶段的小孩正处于形象思维与动作思维为主的心理体验阶段，而操作体验、实验体验、游戏体验则是最适合他们学习的教学方式。因此，幼儿教育中必须要通过设计合理、科学有效的课程，为幼儿创造生动丰富的体验空间，让幼儿在有意义的体验活动中乐观、善良、率真地成长。

一、建构简化的物理空间，增强幼儿体验的丰富性与深刻性

幼儿体验是在各种具体的实践、操作与运用中生成的，需要幼儿亲自动手参与实践操作。譬如在画画中认知色彩，学会画画；在种植中认识植物，

学会种植；在游戏中了解规则，学会游戏。而这些行动都需要有物理空间的支持。因此幼儿教育中应为幼儿创设生活化、实践化、情境化的空间，形成教育即生活的教学生态，引导幼儿通过参与各种校园活动真切感知世界的无穷奥妙。当然，幼儿园建构的物理空间要符合幼儿的成长与认知规律，对真实社会进行精细加工与改造，绝不能不加筛选地将生活场景搬到校园。对社会生活的加工首先要遵循简化的原则，就是按照幼儿的心理认知与成长需要精选社会生活中有教育价值的内容引入集体活动，引导幼儿探索，促进幼儿成长。例如对幼儿进行劳动教育，可以从孩子午睡后自己整理床铺、吃饭前自己摆好凳子等入手，着重培养他们的劳动态度和劳动习惯，提高其劳动技能。其次要对社会生活进行净化加工，从社会生活中提取对学生成长具有正向价值的核心要素，剔除生活世界中的负面和消极因素。因此，幼儿园应为幼儿专门设计促进其健康成长的物理空间，如科学实验室、探索发现室、手工制作室、体育活动室等，激发幼儿的灵感，增强幼儿的责任心、同情心和互助心。通过构建这种简化净化的学习空间，让幼儿获得真实的生活体验和整体的审美体验。

二、建构优化的交往空间，培养幼儿公共生活的能力

幼儿健康成长需要教师爱的滋润与相伴，高尚品质的塑造需要教师的精心呵护和引导。构建优化的交往空间，首先要改变幼儿园师生的互动方式，改变过去教师命令训斥的幼教方式，以关注幼儿、欣赏幼儿、启迪幼儿、尊重幼儿为师生交往的基点，由教师引领幼儿参与学校公共生活，培养其参与意识、创新欲望与合作精神，提升幼儿对学校生活的热爱。师生互动是一种愉快的人格滋养，教师一定要为幼儿创设有温度的交往空间，让幼儿在与教师的互动中体验生活的美好。优化的交往空间同样要改变同伴间的交往状态，建设富有童心童趣的班级生态，改变沉寂安静、知识本位、机械学习的班级景象，创建身体舒展、笑声洋溢、快乐游戏的教室美图。幼儿在这样的优化交往空间中才能滋养善良的人性美德，锻造卓越的公共生活能力。

三、建构美化的文化空间，让校园丰盈着生命之美

幼儿的体验并不是简单地汲取外部的刺激，内触性和未来指向性的体验才具有引导和教育价值。内触性是指幼儿的体验是为了更好地启智增慧、浸润心灵、端正品质、完善人格。未来指向性则强调体验的目的是促进幼儿善良、正直、率真地成长，构建幼儿更加美好的未来，引导幼儿奔向更光明的远方。因此，教育时要为幼儿创造柔性温润的集体活动空间，发展幼儿的爱美审美素养。当前很多幼儿园高举幼小衔接的旗帜，仍以知识记忆、题海训练为主，这种教育方式消解了幼儿对集体活动体验的快感，幼儿园教育中亟须创设一些积极、正向、美化的文化空间，让校园文化中弥漫着灵动的生命气息。构建美化的文化空间就是要改变传统幼儿集体活动中单纯重视知识记忆与考试分数的教育方式，让幼儿在集体活动中充分体验生命之美、交往之美、成长之美，让幼儿在教师的赞许、关爱与引导下求真求实，实现真正的学习、真实的成长，最终提升幼儿的生命品质。

参考文献

[1] 朱慕菊. 走进新课程：与课程实施者对话 [M]. 北京：北京师范大学出版社，2002.

[2] 张莉. 幼儿园生态文明教育内容及路径探析 [J]. 早期教育（教育教学），2020（9）.

第三部分
教学篇

"以读为本"在阅读教学中的策略

宜川县第一小学　冯建林

摘　要　小学语文教学要体现"以读为本"的思想,让学生充分地读,在读中整体感知,在读中感悟语言,在读中培养情感,在读中陶冶情操。教师在教学中要通过以境诱读、以读引读、以说带读、以练导读、以评促读的基本策略,保证学生充分地读,促进学生自主地读,从而达到"以读促思,以读激情,读中感悟,读中迁移"的目标。

关键词　以读为本;以境诱读;以读引读;以说带读;以练导读;以评促读

小学语文的阅读教学是一个"对话"过程,阅读教学的对话过程要使学生与教师、作者、文本在语言文字的理解、内容的感知、表达方法的体悟、主题思想的把握等方面产生共识。达到感悟内容、品味语言、领悟方法、陶冶情操的教学目的,进而达到提高学生文化品味、审美情趣,吸收中化民族文化智慧的更高层次的母语教学目的。要想达到这种语文阅读教学目的,"读"的作用尤为重要。

一、以境诱读

教师通过富有情感的语言,通过音乐、图片、实物、影视片断等真实生动的各种媒介,根据阅读的具体要求进行设计,创设与阅读教学内容紧密联系的教学情境。从而诱发学生读书的热情,激活学生思维的火花,使学生更好地感悟语言，引起感情的共鸣，爱作者所爱，恨作者所恨，达到"语语悟其情"的目的。如《吹泡泡》一课，课前先用多媒体课件向孩子们出示一组美丽、神奇的肥皂泡图片，创设情境，吸引孩子的眼球，激发他们的学习兴趣，然后老师用充满激情的语言把他们引入课文：孩子们，冰心奶奶像你们这么大的时候也吹肥皂泡，她吹的肥皂泡可不一般，那小小的肥皂泡，经了她的手，她的嘴，她的眼，她的心，不但吹出了情趣，还吹出了冰心奶奶的梦想！想知道冰心奶奶吹的肥皂泡是什么样儿的吗？快打开书，读读课文吧！此时孩子们欣赏肥皂泡兴致正浓，于是老师"趁热打铁"直接学习课文描写肥皂泡神奇、美丽的部分。

二、以读引读

通过教师读带动学生读，或激发学习情绪，或帮助把握感情基调，或促进思考加深理解。有些课文，语言优美、情感真挚感人，可以通过教师范读激发学生读书的兴趣。如《吹泡泡》一文，老师范读意境优美的句子"那一个个球儿，是那么圆润，那么自由，那么透明，那么美丽。它们轻轻地飞越山巅，渡过天河，跟着夕阳西去！"通过老师的读感染学生，带动学生通过多读感悟泡泡的美，感悟语言文字的美。有些课文对话较多，可以通过教师读提示语或师生分角色朗读，更好地激发学生读的热情，把握感情基调，从而在读中理解感悟。

三、以说带读

如《翠鸟》一课采用角色体会法，师生都变换了一下角色：学生们变成了一只只可爱的翠鸟，老师则变成世界绿色和平组织的成员，一直以来，动物都是人类的好朋友。然后身为绿色和平组织成员的老师对可爱的"翠鸟"们进行采访："翠鸟女士，你们的声音为什么那么好听呢？给我们唱一首好吗？""听说你们还有一个名字叫'叼鱼郎'，可见你们的叼鱼本领一定很高超了，给我们介绍一下好吗？""噢，听说你们本领高，速度快，有什么可以证明呢？""翠鸟先生，你的家在哪里？能不能去拜访一下？"一系列问题根据需要灵活穿插，有详有略，既把课文内容准确生动地呈现出来，又接近了学生与文本的距离。此时，多读便不仅仅是教学环节的要求了，而成了水到渠成的事情了，成了学生情感发展的必然需求了。采访结束后，老师还可以提出这样的问题做出总结："非常感谢你们热情地接受我的采访，最后请问你们对我们人类还有什么要求要提吗？"这样，通过孩子们自己的朗读感悟，思考体会，就加深了他们对课文的理解。

四、以练导读

阅读教学中的反馈练习不仅是学以致用的需要，而且通过读写结合可以引发学生对教材的理性思考进行语言创造，故"练"能促"读"。通过富有启发性、针对性的练习，引导学生自主地读课文、理解课文、领悟规律，并进行迁移运用。如《锡林郭勒大草原》一文的教学中，学习"草原是一个欢腾的世界"这一部分课文时，教师可有针对性地设计练习，让学生通过自主读文填空：草原上有（　　）的雄鹰，有（　　）的百灵鸟，有（　　）的牛羊，有（　　）的小马驹，有（　　）的黄羊，有（　　）的蒙古包，有（　　）的牧民。又如《丑小鸭》一课，通过把"哥哥姐姐欺侮他""小伙伴们嘲笑他""妈妈也不喜欢他"三个句子连成一个句子，通过朗读，比较体会"……连……也……"的用法，然后根据课文内容，再写几句"……连……也……"的句子，如"野鸭不理他，小鸟讥笑他，连猎狗也追赶他""冬天到了，天气越来越冷，连湖水也结了冰"。这样做，既把握了文章的主要内容，又训练了学生的说话能力。

五、以评促读

通过对朗读的自我评价、同学互评、教师点评，促进学生思考，帮助学生理解课文，领悟语言规律，并在评价基础上进一步朗读，从而激发学习兴趣，加深感悟，积累语言。教师可以引导学生说说"为什么这么读？""哪个地方读得好，结合课文具体说说为什么好？"或是"让我们学习他一起读读"等促进学生读文，达到"读中感悟，读中有情"的效果。

综上所述，通过"以境诱读"——创设读的情境，诱发学生读书的热情；"以读引读"——老师的范读，引发学生读书的情绪；"以说带读"——师生的述说，带动学生研读课文；"以练导读"——有针对性地练习，引导学生阅读课文；"以评促读"——对读的点评，促进学生进一步地读，使"以读为本"的基本策略真正落到了实处，达到了"多读自悟"的目的，体现了读的多样性和老师的指导性，使学生的语言学习扎实、高效，而且充满了学习乐趣。

愿笔者的点滴收获，如抛砖引玉，如缕缕春风，"给力"你的课堂教学，收到理想的教学效果。

参考文献

[1] 刘亚玲. 小议小学语文阅读教学中的"以读为本"[J]. 现代教育科学, 2019（S1）：103-104.

[2] 陈悦. 谈小学语文阅读教学的基本策略[J]. 作文成功之路（下），2016（8）：55.

[3] 胡晓娟. 语文阅读教学中"以读为本"的策略[J]. 课程教材教学研究（小教研究），2015（Z2）：39.

[4] 孙筱坤. 以读为本的阅读教学策略[J]. 小学教育科研论坛，2003（10）：23-24.

基于新课标背景下培养小学生数学学习兴趣的策略研究

宜川县城关小学　张菊霞

摘　要　数学是一门概括性、抽象性较强的学科,培养学生的学习兴趣至关重要。基于《数学课程标准》对小学生学习数学课兴趣的具体要求,学生要成为数学学习的主人,教师是数学学习的合作者、引导者、组织者。为此,就需要激发学生学习的积极性,变被动为主动。教师要通过在活动中生趣、在感悟中激趣和在激励中促趣三个方面培养小学生数学学习的兴趣。

关键词　数学兴趣；新课程标准

小学生对学习产生兴趣,才能主动地学习,子曰：知之者不如好之者,好之者不如乐之者。一般地说,人类对韵律、节奏、语言和美的感受有一种与生俱来的本能。所以语文、音乐、美术等学科较之数学来讲,学生更感兴趣,而数学高度的抽象性常常使学生难以理解,对数学望而生畏,因此不容易对数学产生兴趣。《数学课程标准》指出："使学生具有学习数学的兴趣,树立学好数学的信心。使他们体会到数学就在身边,感受到数学的趣味和作用,对数学产生亲切感。"由此可见,如何使学生对数学产生兴趣是个值得探讨的课题。

一、在活动中生趣

1. 在应用活动中生趣

数学是一门应用性很广的学科,教师要使学生了解数学知识的应用价值,使学生感到数学就在身边,从而产生学习兴趣。如在学习百分数知识时,教师要求学生搜集饮料瓶、商品外包装上的百分数,搜集日常生活中的百分数,让学生解释含义,从而加深了学生对数学知识的理解,使学生了解到生活离不开数学知识,培养学生分析问题、解决问题的能力,同时又使学生进一步关注日常生活中的百分数。再如讲到"比的意义"这一节时,可让学生了解身高与胸围的长度之比为 2∶1,体重与血液重量的比为 13∶1,等等。知道这些有趣的比,你能用这些知识解决哪些问题?学生兴趣高涨,动手实践,计算验证。

2. 在操作活动中生趣

小学生的特点是活泼好动,他们的思维发展处于从形象思维到抽象逻辑思维过渡阶段,因此教师在教学时必须创造条件,让学生动手操作,通过摆弄学具,帮助学生获取知识解决问题。例如在教学圆形面积时,先让学生动手把圆形转化成学过的图形,然后说一说学过图形与圆形之间的关系,最后教师进一步引导学生联系操作过程得到圆形面积=$\pi r2$。这种从动手操作到语言叙述,从语言叙述到公式的得出,就是由直观到抽象、由具体到概括的过程。在这种有教师指导下的实践活动中,学生手脑并用,发现和解决了数学问题,参与了获取知识的全过程,学得积极、主动,尝到了探求知识的乐趣。

3. 在情境活动中生趣

数学教材有自己的特点,蕴含着丰富的可产生学生兴趣的因素。苏霍姆林斯基认为:"接近和探究事物本质及其因果联系的实质,这一过程本身乃是兴趣的源泉。"教师应挖掘这些因素,充分发挥教材中内在的潜力作用,创设情境,使学生产生兴趣。例如在教学能被 3 整除的数的特征时,由学生出题,教师与学生比赛,看谁判断快,学生对教师的"秘诀"产生了兴趣,迫切想要了解，强烈的求知欲望已经成为一种求知的"自我需要"。随着新课改的推进，各种情境的创设已越来越受到教师的重视，特别是利用多媒体设计情景，学生的兴趣被激发，课堂效率大大提高。

4. 在课外活动中生趣

课外活动能创造一个非常自由、生动活泼的学习环境，学生可以根据自己的兴趣自愿参加。因此，它比课堂教学更加开放，更有利于因材施教。如开展数学游戏活动，在游戏中探索规律，增强学习兴趣。还可以向学生介绍一些数学小知识，如古老的数学计算方法、数学符号来源，数学家们的生活片断、诗歌中的数学等，让学生领略丰富的数学世界，受到数学文化的熏陶。

二、在感悟中激趣

外在活动引发的兴趣只是暂时的，教师应引导学生将对数学的兴趣内化为对数学内涵的欣赏和追求，让学生从感悟中领略数学的魅力。

1. 感悟"美"

数学中的美不同于美术中的线条、造型、色彩的视觉美，不同于体育中的体形、动作、力量的运动美，也不同于音乐的和声、节奏、旋律的听觉美。数学本身的内在美瑰丽多姿，充分挖掘数学中的美，让学生进行体验并感悟，能激发学生的学习兴趣。如在学习数学对称图形时，出示一幅幅对称美丽的画面，教师在学生的赞美声中进行引导：为什么大家觉得这些图形很美，这是数学中的对称产生的神奇力量。从而让学生透过美的现象，感悟到数学的对称美。又如在教学加法结合律时，用语言是这样叙述的：三个数相加，先把前两个数相加，再加上第三个数，或先把后两个数相加，再加第一个数，它们的和不变。用字母来概括就是 $(a+b)+c=a+(b+c)$，引导学生进行比较。用数学方法来表示太简洁了，从而感悟到数学中的简洁美。当然，数学中还有许多的美（如统一美、奇异美等），教师应充分挖掘这些美的资源，激发学生对数学的兴趣。

2. 感悟"趣"

学生能感悟到数学是有趣的，必将激发他们的学习兴趣，即使再苦再难也是乐此不疲。

（1）巧用修辞手法激趣。有时对数学资源运用比喻、拟人等手法，会使学生兴趣倍增。如在教学被减数中间有"0"的连续退位减法中，戏称"0"为大方的穷光蛋，这一比喻，不仅把本课时中的难点凸显了出来，学生的兴趣一下子高涨了，下课后还谈论着这一有趣的称呼。风趣的语言、恰当的手法让枯燥乏味的数学变得有趣生动，使数学更具吸引力。

（2）发现有趣数学现象，激发学生的兴趣。如在教学两位数乘两位数时，为了巩固计算方法，必须进行练习，但大量的练习往往枯燥乏味。有位教师充分利用回文算式的趣味性，激发了学生的兴趣，当学生知道计算方法后，出示了 63×12，21×36，14×82，28×41 四题，计算后发现了什么规律，你能创造这样的有趣算式吗？因此，我们在教学中充分挖掘数学中的一些有趣现象，如数字黑洞、回文数等，让这些材料成为数学课堂中的有趣的教学资源。

3. 感悟"理"

数学是一门理性的学科，它需要思考、分析、推理，用科学的方法来说明理由，用辩证的观点来分析事物解决问题。如果能让学生感悟到数学的理，必将激起学生对数学学科的兴趣。

（1）在深入分析中感悟。对一些生活现象，用数学进行分析、思考，让学生领略到数学的理性。如小摊上的转圈摸奖活动，让学生运用概率的初步知识，计算后才知道中大奖的可能性很小，也就明白了为什么每次总是拿出去的钱多，回收到的钱少，揭穿了老板赚钱的方法，让学生感悟到只有用数学知识进行思考和分析，才能看清事物的真面目。

（2）在辩证思维中感悟。辩证地看待事物才能看出事物的实质，才能灵活地运用方法。如在教学小数和分数相乘时，学生通过独立思考提供了多种方法，有把小数化分数计算的，有把分数化小数计算的，然后分析在什么情况下用哪种方法合适，每种方法有哪些优点和缺点，让学生辩证地看每一种方法，从而达到灵活运用。在这一过程中用辩证思维感悟到数学的理性。

（3）在探索推理中感悟。在教学三角形内角和时，课本上提到了用量角器量三个角的度数再相加、剪角相拼和折拼这三种方式，然而这三种方法只是从操作上得到，因此有一定的误差，有学生对内角和是180°不信服，此时可引导进行推理验证。先出示长方形，用对角线分成两个任意直角三角形，得到任意直角三角形内角和是180°，然后让学生探究任意三角形内角和也是180°，可将任意三角形分成两个直角三角形，两个直角三角形内角和为360°，然后减去两个直角180°，正好等于180°。通过这样严密的推理，让学生心服口服，让学生感悟到数学的"理"。

三、在激励中促趣

微软公司创始人比尔·盖茨曾说："没有什么比成功更能增加满足的感觉，也没有什么比成功更能鼓起进一步求得成功的努力。"一次次的成功就会给学生带来无限喜悦和美好的憧憬，从而可不断地提高学生对数学的兴趣。

1. 设计不同层次的练习，让学生体验成功

教师应设计适合不同能力层次学生的作业，使广大学生都能得到相应的成绩，让学生的学习能力得到充分的发挥。如 6□7＞649，□里可以是（　　）。对于差生只要求能够填出几个，对于中等生要求能够全部填出，对于优等生应要求概括出方法，让不同层次的学生都有不同的发展。这种形式的练习题让差生吃得了，中等生吃得饱，优等生吃得好，充分调动学生的学习积极性。

2. 积极评价，体验成功

苏霍姆林斯基认为：在人的心灵深处有一种根深蒂固的需要，那就是使自己成为一个成功者。小学生很在乎教师的评价，因此教师给予学生多一些鼓励性的评价，尤其学生在数学学习中有进步时，教师应及时对其给予激励性评价。俗话说得好："良言一句三冬暖，恶语伤人六月寒。"教师应时刻注意自己的言行，切莫让自己的评价使学生对学生数学失去兴趣。

学生数学兴趣的产生并非一朝一夕就能实现，需要不断培养，一旦学生对数学产生了兴趣，那么学生会对学好数学产生很强的自信心，会不懈地学习数学知识，并取得优异的学习成绩。

参考文献

[1] 中华人民共和国教育部. 义务教育数学课程标准[M]北京：北京师范大学出版社，2022.

[2] 戚发旺. 基于新课标背景下的小学数学教学改革探究[J]. 科学咨询（教育科研），2021（6）：12-13.

[3] 孟明月. 核心素养下小学数学高效课堂的构建[J]. 科学咨询（科技·管理），2020（4）：224.

让小学生自然地爱上美术课策略研究

宜川县第三小学　张雪莹

摘　要　小学阶段的美术教育，是美术学习的启蒙阶段。这个阶段的美术学习是兴趣形成的过程，也是为后续美术学习奠定基础的阶段。我们在指导儿童创作的过程中，尽量让儿童作为画画的主体，让他们去发现其中的乐趣，画他们最想画的事物，使他们在人生的这段行程中，充分地发展自己的个性，激发兴趣，展现自己的能力，展示自己的艺术才华，让学生自然地爱上美术课。

关键词　美术教育；美术学习；兴趣；个性

小学阶段的美术教育，是美术学习的启蒙阶段。这个阶段的美术学习是兴趣形成的过程，也是为后续美术学习奠定基础的阶段。然而此时的小学生，由于生理和心理尚处于发展中，未形成对身心和情绪的完整调控能力，一碰到困难和挫折，便会产生低落的情绪，注意力的持续性比较低，对美术课堂上的创作缺乏兴趣，使得本应充满活力的艺术学科在小学生面前变得黯然失色。如何克服这种求知的浮躁，让他们爱上这个课堂，我们不得不重新审视我们的教育。按照马克思主义的辩证法来看待教育，弄清内因与外因的辩证关系，明确教育中起决定作用的内因是学生，只有内因得到充分的调动，教育才能培养出具有创新意识、创新精神、创新能力的下一代。就美术课堂教学来看，可以从引导学生寻找创作的源泉、激发学生的创作兴趣、鼓励学生自信创作三方面激发孩子们的艺术火花，让学生爱上美术课堂。

一、寻找创作的源泉

在教学中，我们往往被纯技能、技巧的追求所垄断，并将此放在教学目标之首位，用它作为衡量美术学科教学成功与否的标尺，在这样一种教学动机的指导下，学生就会跟在教师后面去模仿，他们观察到什么？感受到什么？一切很难找到答案。我认为在美术教学中，应注重学生对生活经验的积累。没有对生活的密切接触、认识、体验，就如同盲人摸象，根本不能理解事物的构造、形象，又何谈新的创造呢？

我在教学《交通工具》一课时，发现很多学生的作业上出现了多次抹擦的痕迹，还有学生在下面小声地自言自语："我不画了，我不会画！"我感到很奇怪，开始他们一个个兴趣盎然，举着手，争先恐后地告诉我自己知道的交通工具。于是，我把一个原先要画摩托的小男孩找来，问他为什么不想画了，他指着自己只画了几笔的摩托告诉我，不知道那里该怎样画。这时，我才突然领悟：创作源于生活！没有生活中的接触与观察，学生怎么画得出摩托的部件，构造都不明确，难道还能要求学生凭空来设计、想象吗？那不是闭门造车吗？

生活处处有美，艺术要善于从生活中捕捉。而学生还不是艺术家，就像一头刚刚学习捕食的小狮子，还必须在母狮的循循善诱下学习捕获、掌握时机。学生的各方面能力正处于发展阶段，需要教师引导、开发他们对美的感受能力、欣赏能力和评价能力，从而使学生能够感受到生活的美，并从中捕捉到美，产生对美的表现欲望，以达到创造美的目标。

二、激起创作的兴趣

美术这门学科，从总体上看是大多数学生喜欢的科目。但具体到每一个学生对这节课有没有兴趣、感情有多深、持久性有多长，就要看老师如何调动他们的积极因素，激起学生创作的兴趣。

小学阶段的学生，从心理学的角度分析，一般跨越两个阶段。低年级与中高年级的学生除了对色彩的敏感具有共同性外，低年级的学生注重于外观形象，高年级则偏重于设计和制作。如五年级的《脸谱》，假设简单地让高年级的学生仿照涂鸦，必定会兴趣大减。老师将课题稍稍一改，变成让学生来当京剧演员的化妆师，场面顿时变得热情高涨。脸谱上涂满了五颜六色的浓厚色彩，以前学生们只是在电视上观赏过，现在要他们自己动手，来给这些"演员"涂脂抹粉，立刻表现出极大的兴趣。教师可以因时制宜地组织学生先观赏京剧录像片段，再借机把民族传统艺术的有关知识，诸如脸谱色彩的含义、脸谱的勾勒等介绍给学生。等到他们亲自动手时，一个个挥笔抹彩，似乎人人都像化妆师。不过最后的作品如何，是否够标准，这都不是最重要的，至少在这堂课上学生的参与率达到98%，学生的兴趣激增，情绪高涨，并在此基础上认识并了解了一些相关知识，扩大了自己的知识面，并从中感受到艺术创作的愉悦。

想要激发学生的创作兴趣，可以利用多媒体等信息技术手段。多媒体作为信息的载体，在教育目标与教育内容实践中搭上桥梁。它声形并茂，色彩艳丽，生动直观，吸引学生的视觉、听觉，让学生留恋、向往。

我们的教材中，有不少课题需要学生走出教室，实地写生，如四年级的《我爱校园》等，如果教师只在教室中讲，哪些部分是画面需要的，哪些画面不需要，等等，这样的闭门造车，不如让学生去实地走走看看，感受一下校园的结构以及校园周边熟悉的地方。学生在走进环境感受生活的过程中，感悟能力增强了，绘画能力提高了。

三、用信心架起成功创作的桥梁

爱因斯坦说过："想象力比知识更重要。"知识是有限的，而想象力概括着一切，推动着进步，并且是全部知识进化的源泉。一幅小小的作品，就是创作者对世界探索的过程。其想象之奇特，构思之大胆，手法之自由，尽情宣泄之色彩不受约束，这正是儿童作品最动人、最精彩的所在。

美术课上，我经常发现，学生的创作各有其独具魅力的地方，尽管有些创作还比较欠缺，但是，当你换一种角度去欣赏的时候，会发现，它也是很完美的。我看到这样一个学生，他的写生作品总是和实物相差甚远，有时还遭到同学的嘲笑。他因此害怕上美术课，害怕自己的画被人看见。其实，哪个孩子不想表现自己、展示自己？享受成功，这是孩子的天性。我给他看了一张"凡·高的自画像"，于是，那个孩子自信地举起了自己的"印象派"，这至少是个好的开端。

我们在指导学生创作的过程中，尽量让学生作为画画的主体，让他们去发现其中的乐趣，画他们最想画的事物，老师只是事先做一些启发式的引导，让学生自己想象，然后老师再作一些修正式的补充，这样能让他有一种成就感，树立自己的信心，学生就不再畏难；有了自信，学生就敢画了，有了自信，学生就可以描绘自己的生活；有了自信，想象的翅膀就可以自由飞翔，创作出精彩的画作。

四、总结

作为学生走上美术创作之路的启蒙者，需要我们每一位教育工作者用真诚去点亮孩子心灵的苍穹，燃起艺术的火花，使他们充分地发展自己的个性，激发兴趣，展现自己的能力，展示自己的艺术才华。

参考文献

［1］许梦嘉. 小学美术课堂教学中存在的问题及对策探究［J］. 教育教学论坛，2014（38）：81，84.

［2］吴茂章. 运用现代信息技术手段，打造小学美术趣味课堂［J］. 美术教育研究，2018（2）：163.

［3］杨洋. 让想象驰骋美术课堂：探究小学美术教学中学生想象力的培养［J］. 艺术评鉴，2019（19）：153-154.

［4］翟秀宏. 为有源头活水来：浅谈小学美术高效课堂的构建［J］. 美术教育研究，2015（20）：181，183.

提高三年级学生口语交际能力的策略研究

宜川县第三小学 李璠玲

摘　要　2022年版语文义务教育课程方案和课程标准提出了三年级学生口语交际能力的四个方面具体要求，阐明了教学应结合学生的生活实际，就地取材，创设情境，激活学生的学习兴趣，本研究从口语交际课堂，其他语文教学课堂和课外活动三个角度探讨了提高学生口语交际能力的具体策略。

关键词　口语交际教学；情境教学；双向互动

随着时代的发展，人与人之间的交往活动愈加频繁，如何更好地用口语进行交际，已成为社会交往中的"增值"技能。2022年版语文义务教育课程方案和课程标准（以下简称：新课标）把语文课程口语交际部分的听和说整合为一个整体，使教学目的性和实用性更强。

一、新课标对三年级学生口语交际能力具体要求

新课标中指出，三年级学生交际教学，教师应着力培养学生四个方面的能力。一是能用普通话交谈。在交谈中能认真倾听，养成向人请教、就不同的意见与人商讨的习惯。二是听人说话能把握主要内容，并能简要转述。三是能清楚明白地讲述见闻，并说出自己的感受和想法。四是能具体生动地讲述故事，努力用语言打动他人。

二、口语交际能力培养的实践前提

新课标明确指出:"口语交际能力的培养要在双向互动的语言实践中进行。"

可以根据口语交际情境创设和谐民主宽松的氛围,使学生能自由地无拘无束地参与交流,发展学生的个性与创造力。口语交际的特点决定了它必须由多种因素构成,其中主要因素是良好的语音能力、敏捷的思维能力、快速的语言组合能力、得体的举止谈吐能力、为人处事的能力等,这些都是口语交际训练所需要完成的目标。只有在动态的双向或多向互动活动中,才能提高口语交际表达能力。

三、提高口语交际能力的三种策略

教师要积极合理地创设情境,增强口语交际的趣味性,激发学生口语交际的兴趣,培养学生口语交际的勇气和信心,养成口语交际的良好习惯,提高口语交际能力。在教学中具体从以下几方面进行了探索与尝试:

1. 口语交际课,重点培养学生的口语交际能力

(1)创设情境,激发兴趣。小学语文教材中每组《语文园地》第一大题都编排的是"口语交际",可见"口语交际"的重要性。在现实的教学中,如何上好"口语交际"课,培养好学生的口头表达能力呢?通过在不断教学实践中摸索,我觉得如果只是简单、机械地要求学生讲,"命令"学生讲,往往不能激发学生说话的欲望。大家知道,兴趣是最好的老师。一个人无论干什么,只要有兴趣,便有了自觉性。进行口语交际训练也是如此。激发学生的兴趣,就等于激发学生的自觉性,这便成功了一半。学生如果兴趣不浓,就不能产生说话的欲望,如果没有说话的欲望,学生往往缄口不言,或含糊其词,更有甚者讲得东拉西扯,离题千里,教学效果就可想而知了。那么,怎样激发学生的兴趣?怎样激发学生说话的欲望呢?在教学实践中,我发现如能结合学生的实际经验创设具有一定挑战性的情境,让学生眼中有物,就可激发学生的兴趣,激发起学生说话的欲望,那么,"口语交际"教学活动就能取得良好的教学效果。在课堂实践中，首先，教师生动的语言，便可以创设一个引人入胜的情境，使学生的大脑里充满神奇的想象，欲罢不能，丰富的想象使他们想说，争着要说。其次，现代化教学媒体的运用，为学生营造一个身临其境的场景，使学生有话想说。现代化教学媒体的运用，是创设情境的重要手段，它直观形象，帮助我们生动地再现了情境，达到其他教学手段无法达到的效果。再次，开展丰富多彩的课外活动，把表演、游戏、角色扮演等引进课堂，营造一个生动活泼的语言环境，大大增强了学生学习口语交际的兴趣。

（2）加强互动，注重实践。课堂教学是一个动态变化发展的过程。作为教师必须加强调控，促进"互动"的不断开展。口语交际必须通过大量实践锻炼，才能内化为能力。"口语交际"教学时，教师要充分发挥指导作用，师生之间、生生之间要多向交流，全员参与，开展"我说你猜""小组讨论""一说一评"等活动，充分调动每位学生的表达欲望。比如我在教学"开卷有益"时，采用辩论会的形式，由正、反两方提出各自观点，从读书的目的、获取的知识、懂得的道理层层展开辩论，一场唇枪舌战之后，学生既锻炼了自己的口语表达能力，教师也从中受到启迪，从而达到了很好的互动效果。

（3）评价质疑，反馈互动。参与评价是检验口语交际课效果的重要环节。让学生在评价反馈中获得知识，提高口语交际能力，同时也掌握交际现状与目标的差距，发现存在的不足，以便对症下药及时补救，最终达到引化正确，纠正偏差的目的。评价过程可以逐步学会如何评价，学会倾听，判断正误，学会赞扬、欣赏别人的优点。评价既可以看语言是否清楚明白，是否讲文明礼貌，也可以看交际习惯和方式是否正确，并给予恰如其分的评价，好的加以肯定和表扬，不足的指出原因，提出富有针对性的改正意见。这样更有利于他们的口语交际能力的提高。

2. 语文教学中，注重培养学生的口语交际能力

（1）在阅读教学中鼓励学生勇于发表自己的意见，在阅读教学中进行口语交际训练。课文是学生学习语言、积累语言的典范，也可以成为学生口语训练的内容。很多课文故事性很强，有些可以通过角色扮演，进行口语交际训练。如扮演小导游、讲解员、推销员，向人们介绍某个景点、讲解某些知识、推销某种产品。这样既使教学活动生动有趣，又使学生的口语交际能力得到训练。如我在教《买文具》一课中，设计了模拟生活情境的情节，让同学们把课前准备好的物品在小组内摆放好，然后选出两名同学扮演售货员，其他同学带好自备的人民币教具，到自己喜爱的物品前进行购买。同学们不用老师吩咐就兴致盎然地交流起来，老师也参与活动，让自己融入学生中，发现问题，在小组内及时引导学生找出解决问题的方法。如果学生想不出好办法，教师就给予恰当的点拨，使学生从中受到启发，学会互相协商合作，共同解决问题。这样充分发挥了学生的主体作用，也让学生在亲身体验和实践中，用自己的智慧去解决问题，使他们的口语交际能力得到锻炼和提高。

（2）作文交流是提高学生口语表达能力的一种有效途径，评改是提高学生作文水平很重要的一个环节。"作"靠"评"来完善，评改是学生再认识再提高的过程。本着提高学生口语交际能力的宗旨，我有意识地在课堂上对学生的优秀作品交流评改。我认为这样可让学生欣赏别人好的作品，也可以在"评"的过程中提高自己的口语交际能力。我先作示范，对一篇习作，我提出几方面要求后着手讲评，经过我的示范与提示，学生对评价作品有了一个大致的概念，开始跃跃欲试了。每次的优秀作品讲评课，同学们总是情绪高涨，各抒己见。有一次，为了试试同学们评价作品的能力，我特地挑了一篇离题作文混在优秀作品中。我一边读，一边观察着同学们神情的变化。刚开始同学们侧耳倾听，慢慢地随着我的朗读，有的同学皱起眉头，有的同学开始窃窃私语，我刚读完，很多同学就纷纷起来评价。此时，我根本不用再说什么了，学生的感觉是敏锐的，在写作中提高了自己，在评价中完善了自己，学生已乐于参与作文的交流，口语交际能力不知不觉就得到了提高。

3. 通过课外活动，有意培养学生的口语交际能力

（1）开展校内口语交际活动。语文课外活动与学校安排的活动、语文兴趣小组活动相结合，可采用多种形式，如利用升旗演讲比赛、小组里讲故事、经典诵读演讲比赛、看动作即兴表演等。通过各种形式的活动，学生获得了口语交际的材料，同时拥有了口语交际的机会。

（2）开展社会实践活动。丰富多彩的社会实践活动，为学生提供了绝好的口语交际素材，教师通过组织学生走出校园，到街道、广场搞宣传的实践活动，组织学生春游、野炊、军训、扫墓、开展重阳节敬老活动，让学生接触社会，熟悉生活，在实践中培养学生口语交际能力。

总之，当今语文教学推行素质教育，口语交际训练是一种全新的课型，培养学生的语言运用能力是新时期教育的一个重要目标。培养学生听说读写的综合能力，特别是培养学生敢于说话，乐于说话，把自己的所见、所闻、所想完美地表达出来，不是一朝一夕所能做到的，这就得根据语文教学的实际状况，因材施教，激发兴趣，提高说话效率。只要我们留心，处处都是培养学生口语交际能力的场所，时时都有提高学生口语交际能力的机会，只要我们去重视，去把握，每个孩子都可以成为口语交际的主导者。

参考文献

［1］王琼武.影响小学语文口语交际课堂教学有效性的要素解析［J］.教学与管理，2014（23）：35-36.

［2］贾保良.小学语文口语交际教学浅谈［J］.和田师范专科学校学报，2009，28（2）：90-91.

［3］何林英.小学语文口语交际教学探究［J］.教学与管理，2020（11）：46-48.

［4］谭春秀.关于口语交际能力的培养与锻炼在小学语文教学中的重要性分析［J］.赤子（上中旬），2014（23）：166.

［5］赵年秀.全视角深度学习视域下小学口语交际课的教学策略［J］.语文建设，2020（11）：27.

［6］柳平.核心素养下小学语文口语交际教学研究［J］.科学咨询（教育科研），2018，（11）：97.

浅谈对小学生解题能力的培养

宜川县第三小学 侯晓莲

摘 要 解题能力的培养是涉及到逻辑学、心理学、教育学等学科的复杂问题。从小学生解题的行为实际看，还存在较多问题。智力的核心是思维能力，要提高学生的解题能力，首先要提高学生的智力，发展他们的思维。在实践中通过一例多说，养成解题的思维习惯，多向探索，培养解题的灵活性。

关键词 解题能力；思维培养

如何培养学生的解题能力，是一个较复杂的问题。从理论上看，解题能力涉及逻辑学、心理学、教育学等学科的问题。从内容上看，解题能力包括对应用题、文字题、计算题等各类问题处理的能力。从小学生解题的实际情况看，小学生解题主要存在的问题：一是难以养成思维习惯，常常盲目解题；二是任务观念严重，解题不求灵活简洁；三是马虎草率，错误百出。心理学认为：智力的核心是思维能力。从素质教育的观点来看，发展思维、提高智力，是提高素质的重要内容。要提高学生的解题能力，首先要提高学生的智力，发展他们的思维。

下面，从发展学生思维的角度和学生解题的实际出发，谈谈如何培养学生的解题能力。

一、一例多说，养成解题的思维习惯

语言和思维密切相关，语言可以促进思维的发展，反过来，良好的逻辑思维，又会引导出准确、流畅而又周密的语言。在教学实践中，不少老师只强调"怎样解题"，而忽视了"如何说题（说题意、说思路、说解法、说检验等）"。看似这是重视解题，其实这是忽略了解题能力的培养。由于缺少对解题的思维习惯、思维品质的培养，学生的解题能力，只囿于题海战术、死记硬背的机械记忆中，这与当前的素质教育格格不入。

另外，从学生解题的实际表现看，学生解题的错误，一般是由于缺乏细致、周密的逻辑思考和分析，特别是当作业量稍多时，这种表现更为突出。从教师教学实际看，教师为了强化对学生解题思路的训练，往往要求学生在作业本上写出分析思路图，或画出线段图。但这项工作，对于小学生来说，一方面难度比较大，另一方面因费时多，学生持久性不够，往往收效并不大。我认为要加强课堂教学中的"说题训练"，即采用"顺逆说""转换说"和"辩论说"等几种训练形式，养成学生解题的思维习惯，从而培养学生的解题能力。

1. 顺逆说

解答每一道应用题时，不必急于去求答案，而要让学生分别进行顺思考和逆思考，把解题思路及计划说出来。比如解答"三年级种树25棵，四年级种树是三年级的2倍，四年级比三年级多种几棵？"先让学生用综合法从条件到问题依次说出思路，再让学生用分析法从问题到条件说出思路。学生顺逆分别说清思路后，再列出算式"25×2−25"。如果，学生在说的过程中，语言还不够流畅，思路还不够清晰，还要再让学生看算式进行第二次"顺逆说"：先让学生说第一步"25×2"表示什么？再让学生说第二步"25×2−25"表示什么？最后让学生先说第二步、再说第一步。在解答文字题时，也可进行顺逆说的训练。如"$3 个 \frac{1}{5}$ 比 $2 个 \frac{1}{4}$ 多多少？列出算式"$\frac{1}{5}×3−\frac{1}{4}×2$"后，让学生根据算式，说出"$\frac{1}{5}×3−\frac{1}{4}×2$"的意义，再把说出的意义与原题对照，看看是否一致，如不一致，则要重新分析，认真检查，直到说出的意义与原题一致为止。

2. 转换说

对于题中某一个条件或问题，要引导学生善于运用转换的思想，说成与其内容等价的另一种表达形式，使学生加深理解，从而丰富解题方法，提高解题能力。如已知"A与B的比是3∶5"，可引导学生联想说出：（1）B与A的比是5∶3；（2）A是B的$\frac{3}{5}$；（3）B是A的$\frac{5}{3}$；（4）A比B少$\frac{2}{5}$；（5）B比A多$\frac{2}{3}$；（6）A是3份，B是5份，一共是8份，等等。这样，学生解题思路就会开阔，方法就会灵活多样，从而化难为易。

3. 辩论说

鼓励学生有理有据地自由争辩，有利于培养学生独立思考和勇于发表不同见解的思维品质，寻找到独特的解题方法。在教学解答圆面积一题时，老师问学生："计算圆面积要知道什么条件才能进行计算？"多数学生回答"必须知道半径，才能求出圆面积。"但有一个学生举手表示不同意，认为"知道周长或直径，同样可以计算圆面积。"对这个学生的回答，老师一方面作了肯定，另一方面要他和持不同意见的同学进行辩论。这样，双方经过几轮辩论后，使这位学生认识到"已知周长或直径，最终还是要先求出半径"的道理。另外，也使大部分同学明白了"不光只有知道半径，才能计算圆面积"的道理。

二、多向探索，培养解题的灵活性

求异思维是一种创造性思维。它要求学生凭借自己的知识水平和能力，对某一问题从不同的角度、不同的方位去思考，创造性地解决问题。而小学生的思维是以具体形象思维为主，容易产生消极的思维定势，造成一些机械思维模式，干扰解题的准确性和灵活性。有的学生常常将题中的两个数据随意连接，而忽视其逻辑意义。如"小方和小圆各有同样多的水果糖，小方吃了5粒，小圆吃了6粒，剩下的谁多？"由于受数值大小这一表象的干扰，学生的思维定势集中在"6＞5"上，容易误判断为"小圆剩下的多"。为了排除学生类似的消极思维定势的干扰，在解题中，要努力创造条件，引导学生从各个角度去分析思考问题，发展学生的求异思维，使其创造性地解决问题。通常运用的方法有"一题多问""一题多解"和"一题多变"。

1. 一题多问

同一道题，同样的条件，从不同的角度出发，可以提出不同的问题。如解答"五一班有学生45人。女生占$\frac{4}{9}$，女生有多少人？"这本来是一道很简单的题目。教学中，老师往往会因学生很容易解答，而一晃而过，忽视发散思维的训练。对于这样的题型，老师要执意求新，变换提出新的问题。如再提出如下问题：（1）男生有多少人？（2）男生比女生多多少人？（3）男生是女生的几倍？（4）女生是男生的几分之几？等等。这样，可以起到"以一当十"的教学效果。像同一道题，老师还可以从分析上多提问，从解法上多提问，从检验上多提问，进行多问启思训练，培养学习思维的灵活性。

2. 一题多解

在解题时，要经常注意引导学生从不同的方面，探求解题途径，以求最佳解法。

例如："某村计划修一条长150米的路，前3天完成了计划的20%，照这样计算，完成这条路还需多少天？"首先，老师要求学生用多种方法解。在学生没有学习工程问题时，解法一般有以下三种：

① （150－150×20%）÷（150×20%÷3）＝12（天）；

② 150÷（150×20%÷3）－3＝12（天）；

③ 150×（1－20%）÷（150×20%÷3）＝12（天）。

针对这些解法，老师要善于引导学生比较三种方法的异同点，总结出"三种方法中都运用了全程150米"这一条件的共性。针对这一共性，老师可打破思维定势，启迪学生的新思维；"假如把150米当作一条路（用1来表示），还可以怎样解答？"这一点拨，学生很容易发现如下解法：

④ 3×［（1－20%）÷20%］＝12（天）；

⑤ 1÷（20%÷3）－3＝12（天）；

⑥ 3÷20%－3＝12（天）。

上述六种解法，显然后三种解法（尤其是解法⑥），列式简洁，想象丰富，可以充分发挥学生思维的灵活性。

3. 一题多变

小学生解题时，往往受解题动机的影响，因局部感知而干扰整体的认识。例如："某商厦共有6层，每两层间的楼梯长5米，从1楼到6楼共要走多少米？"往往由于"每两层5米"和"6层"与学生的解题动机发生共鸣，忽视了"6层只有5段间距"这一特点，而容易得出"5×6"的错解。要消除类似的干扰，就必须进行一些一题多变的训练，对解题模式的干扰进行变题训练。如学生学习了工程问题后，求合做工作时间，容易形成这样一种解题模式"$1÷(\frac{1}{A}+\frac{1}{B})$"。我们可将条件中的时间改变成分数形式。如"一项工作，甲独做$\frac{1}{2}$小时完成，乙独做$\frac{1}{4}$小时完成，如两人合做要多少小时完成？"如老师不提醒，学生绝大多数会把"$\frac{1}{2}$小时"和"$\frac{1}{4}$小时"当作工效，仍然列出算式"$1÷(\frac{1}{2}+\frac{1}{4})$"来解答（实践统计，第1次这样的错误率在75%以上）。又如学生学过等分除法应用题后，往往见"分成几份"就"用除法计算"。在学生掌握等份除法计算方法后，也要注意变题训练。如设计类似题："6粒水果糖分成3份，最少的1份是多少粒？"可淡化消极的"6÷3"思维定势的干扰。因为"6÷3"计算错了，其实最少的1份是1粒（题中并没有要求平均分）。

通常，教学中的变条件、变问题、条件和问题的互换等，都是一题多变的好形式，但是，变题训练要掌握一个原则，就是要在学生较牢固的掌握法则、公式的基础上，进行变题形练。否则，将淡化思维定势的积极作用，不利于学生牢固地掌握知识。

培养解题能力的途径和方法很多，但无论哪种途径和方法，最根本的、相通的是离不开思维的训练。

参考文献

[1] 张爱英. 小学生数学问题解题能力的培养分析[J]. 才智, 2019(23): 5.

[2] 孙艳君. 经历探究过程 让思维"绽放": 小学生解题能力的培养路径[J]. 科学咨询（教育科研），2021（4）：90-91.

[3] 吴荣珍. 小学生数学解题能力的培养策略探析[J]. 国家通用语言文字教学与研究，2022（4）：114-116.

小学英语有效教学情境创设研究

宜川县第三小学　石改霞

摘　要　受学生智力、基础知识、学习能力、生活经验环境等因素差异性的影响，在面对同样的问题时，不同学生的思维方式、方法也各有不同。单一化的教师讲述往往很难满足学生的需求。有效教学情境的设计非常重要，教师通过课堂情境设计，把学习的主动权交给学生，使他们敢于打破常规，别出心裁，寻找与众不同的个性化的学习、解题方式，从而达到激发学生创新动机，为学生的主动学习提供时间和空间保证。

关键词　小学英语；教学情境设计；行动研究

义务教育英语课程方案和标准指出：教师要创设接近学生生活的各种语境，采用循序渐进的语言实践活动以及各种强调过程与结果并重的教学途径和方法，培养学生用英语做事情的能力。教师要善于结合实际教学需要，灵活而又创造性地使用教材，对教材的内容、编排顺序、教学方法等方面进行适当的取舍和补充（教育部，2011）。一线教师应灵活地使用教材，重视创设贴近学生生活、受到学生喜爱、有实际意义的情境，促进学生运用所学语言表情达意、交流思想，从而提高其综合语言运用能力。

一、小学英语课堂有效教学情境设计的意义

在小学英语课堂上创设情景进行教学，不但适应小学生的年龄特点和小

学英语学科的特殊性，也符合新课程标准的要求。情境教学，使学生的注意力集中，进而使英语学习成为学生主动学习以及形成积极情感态度的过程。研究小学英语有效情境教学设计，可以使得教师更多地为学生创设良好的教学情境，让学生在情境中学、情境中用、情境中悟，能更好地促进学生英语能力的提高，让学生真正从语言学习的目的出发，提高基本语言素养和基本外语学习能力。小学英语课堂教学情境创设的目的正是为了教学活动能更有效地展开，在创设的英语学习氛围中，感悟语言、交流语言、运用语言，使得课堂的教学不仅仅停留在知识的层面，而更多是在能力的提升和语言素养的培养。有效教学情境的创设，包括语言交流氛围的创设，教学活动的设计，以及学生情感趣味的培养。教学情境创设的有效性，更关注学生的发展，关注教师的教是否为学生的学服务，学生是否能够在一系列有效的活动中掌握系统的英语知识，提高分析探究、自主学习的能力。

二、小学英语课堂有效教学情境设计的实践研究

1. 活用真实情境，创设课堂主情境，激发学生学习兴趣

语言学习，来源于生活，又高于生活。语言可以作为交流信息的手段。英语语言的学习，最终目的是在真实的生活中恰当地与人交流、传导信息。那么，生活情境的创设能最大限度地模仿生活中真实语用环境。当学生遇到类似的真实情境，可以快速实现知识迁移，使学生真实地感受、体会现在进行时态在实际生活中的运用。教材中每个模块就是一个话题，这些话题往往来自学生的实际生活，每个单元的词和句型都与话题相关。这就为以话题为主线设计教学主情境提供了方便。

案例一　Robots will do everything.

本节课借助学生感兴趣的机器人话题创设了一个机器人 BoBo 找朋友的主题情境，融合教学内容，以故事为主线，把教学内容穿插在其中。故事中，可爱的机器人想认识人类朋友，由此引出了不同的认识经历，通过不断地复现本课的核心句型：What will you do？ Will you…？ 机器人在学生的帮助下终于在地球上找到了属于自己的好朋友，整个教学过程通过机器人找

朋友的主情境，学生运用目标句型将所有新词和句型巧妙地联系在一起，环环相扣。学生在情境中感受完故事，也学会了新知识，还培养了爱心，学生学得兴趣盎然，扎实有效。

纵观整个教学过程，教师以学生感兴趣的机器人为主线，将新词和新句有机地结合在一起，条理清晰，富有情趣，教学主题情境的设置为本节课注入了新鲜的活力。

案例二　四年级下册Be careful！

教师通过实物演示情境，能使学生边学习边体会所学知识在实际生活中的应用，同时培养学生直接用英语思维的习惯。如在讲授涉及问路的主题时，利用教室的课桌作为直观教具，有序排列，中间空出适当距离用作街道社区，然后让学生把课前自制的带有社区单位如 school, hospital, the bus stop 等的卡片放在课桌上，表示各建筑物所处的位置，形成某个建筑群的模拟情景，再让学生操练陌生人问路的对话。

在现实的"微缩版"的真实情境中，学生能直观地理解向左转与向右转，并且懂得中西方在交通规则差异等方面的文化内容。同时，学生的责任感、道德感与合作意识也得到了强化。

2. 趣用简笔画，创设任务小情境，帮助学生梳理知识

根据小学生的认知发展规律，他们对图片、实物等理解较为迅速，简笔画能使教学过程更具条理性、逻辑性。在课堂上借助简笔画来操练句型、对话，不仅提供了一种真实的情境，更激发起学生强烈的认知和表达欲望，促进了英语课堂的生成，同时有些简笔画还有效地帮助学生快速梳理了知识点。

案例三　Where is the cat？

三年级上册在教方位介词 on、under、in、behind 时，教师可以先让学生到黑板上画画。老师先说："Draw a tree."，学生快速地画出一棵树，教师再说："Draw a table under the tree." "Draw a box on the table." "Draw a pen in the box." "Draw a dog behind the tree." 也可采用两个学生 PK 的形式，让学生在比赛的同时增强对方位介词的理解能力。这个活动还可以设计成粘贴图，教师提前准备好图片，每组选派代表，根据教师指令粘贴。其中一人读指令，其他人每人按照指令贴一幅图片。相同的指令，相同的人数，第一个完成的为优胜组。学生们利用简笔画模拟真实的情境，使得目标语言得以内化，为他们今后在日常交际中熟练运用语言打下了基础。

3. 灵用肢体语言，创设即时情境，帮助学生掌握难点

肢体语言是指通过身体的各种动作、举止、神态，从而代替语言借以达到表达情绪的沟通目的。教师在教学过程中，不应该也不能只单单依靠有声语言，还得利用肢体语言这一课堂法宝，肢体语言是"无声胜有声"。教师如果能够在课堂上适当运用肢体语言，就可极大地调动学生的兴趣，活跃气氛，加深学生对知识的印象。

案例四　I like football

四年级下册现在进行时态的教学中，教师可以采用对几个学生发指令的方法，让他们做一个动作，叫其他的同学回答问题，如叫一名学生到教室前发出指令：Clean the desk, please. 当这个同学做这个动作时，问："What's he /she doing？"回答："He /she is cleaning the desk ."示范后，请学生发指令等。还可以请一个学生做动作，其他学生猜 What is she / he doing？或教师本人做一个动作，请全体学生来猜。如我做一个开车的动作，并说："What am I doing？"学生猜："Are you making a cake？"或"Are you doing your homework？"或"Are you driving a car？"等，直到猜对为止。

教师可根据课堂的实际情况和教学需要，适当地运用肢体语言，帮助学生根据动作传递的信息体会语言，并在合情合理、真实、有意义的预警中习得语言，发散思维，展开思考，从而提高互动交流的积极性和自主性。

4. 巧用文本插图，创设语篇情境，点亮学生英语思维

案例五　三年级上册Unit1 hello

在教授三年级第一节打招呼互相问好的英语课时，教师可以微笑着挥动右手、语调兴奋地和他们打招呼"Hello！ Boys and girls""Good morning, How are you？"让学生和同桌模仿教师打招呼，然后让学生离开座位去和各自的朋友打招呼。还可根据所学课文内容灵活自由地表演，增强所学知识。如在教邀请、感谢和道歉的句子时，告诉学生可以改变邀请的对象，可在邀请前加上见面打招呼的情节。除了面对面邀请，还可以通过电话邀请对方。例如："在生活中，我们除了邀请别人看电影、吃饭之外，还有什么情况下会邀请别人？"适当的提示能开拓学生的思维，激发学生的想象力，激活学生的英语思维，有利于学生建立英语思维的良好习惯。

语言总是在一定的情境中使用的。如果学生能在相对完整的、真实的情境中接触、体验、理解和学习语言，那么他们就能够很好地理解语言的意义和用法，也能够更好地掌握语言形式。教师应灵活地使用教材文本中的插图，优化教材情境，创设与学生生活息息相关、新旧知识相融合的真实语境，提高学生的语言表达能力。

5. 妙用信息化教学，创设"会动"的情境，丰富学生语言运用

在信息技术飞速发展的今天，作为教师可以在课堂上运用微课、白板、平板电脑等为学生创设一种悦耳、悦目、悦心的英语交际情境，使学生在情境中有交流语言的真实感，这种方式寓教于乐，学生学起来更有趣味性。英语教师利用计算机信息技术与英语课程进行整合，达到生动、灵活、直观的传授英语语言知识的目的。从而激发学生英语学习的热情，收到事半功倍的效果。

案例六 第八册时态复习课

对于一般过去时和一般将来时的教学，传统教学步骤为教师朗读——学生跟读——提问造句——强化练习。这种教学方法固然有效，却略显单调与枯燥。为尝试改变这一教材呈现方式，我们可以利用软件制作一个含有英文歌曲"Yesterday once more"的微视频，引出教学内容——学生听曲——学生跟唱——渗透与展开教学内容。在活跃的气氛中，学生对进一步深入学习语法一般过去时奠定了良好的基础。

信息技术的使用为课堂增添了丰富多彩的动态场景，学生在这样的语境下，感受了中西方文化的特点，丰富了语言输出，激发了语言表达的热情和创造力，提高了综合运用语言的能力。

三、结束语

总之,在小学英语教学过程中,教师都要从真实性、有效性、灵活性、趣味性、思考性来努力思考如何创设有效的情境,带学生进入一定的情境,让学生在真实的交际过程中学会语言并能学以致用,让英语课堂真正成为学生学习的乐园,让英语课堂焕发出无穷的生命活力。

参考文献

[1] 中华人民共和国教育部. 义务教育英语课程标准(2011年版)[M]. 北京:北京师范大学出版社,2012.

[2] 李吉林. 李吉林与情境教育[M]. 北京:北京师范大学出版社,2007.

[3] 程晓堂,刘兆义. 小学英语[M]. 上海:华东师范大学出版社,2008.

小学生美术学习兴趣培养策略研究

宜川县城关小学 刘青梅

摘 要 小学是人生当中的基础阶段,这个时候的教育被称为启蒙教育,小学生年龄小,人生经验不够丰富,还不明白学习的重要性,所以在小学阶段兴趣是学生学习美术的主要动力。"兴趣是最好的老师","小学美术兴趣培养的策略"这一课题的研究对小学生的美术学习具有重要意义。

关键词 小学美术教学;兴趣培养;培养策略

美术是一门不同于语文、数学等基础学科的特殊学科。兴趣是小学生学习的动力。美术不仅能让学生学会绘图、上色的技巧,还能陶冶学生的情操,提高学生关于美的认识,让学生在生活中不断感受美、学习美。小学生在学习美术的过程中还能够充分发挥想象力,可以在图纸上画出自己想象的东西,收获更多的快乐和知识。

一、兴趣对小学生美术学习的重要意义

学习美术需要依赖很多美术工具,例如画板、不同规格的画笔、画纸。在美术课上课以前,学生需要细心准备工具。在美术课堂上学生需要耐心听讲,对美术来说,作画的细节尤其重要。一件美术作品往往需要花费很多时间,小学生的美术画作较为简单,但一般来说需要十几分钟。小学生天性活泼爱动,这也是小学生美术学习的一个考验。小学美术教师在授课过程中应该注意激发小学生学习美术的兴趣,培养小学生自主学习的能力。兴趣是最

好的老师，感兴趣了，孩子们才能够全身心地投入学习中。

二、小学生美术学习兴趣培养策略

1. 转变教学风格

传统的美术教学偏重课本知识和绘画技巧，这样学生的学习范围受到限制，所学到的知识大多来源于课本。在这种学习氛围下，学生们脱离生活，作品往往千篇一律，都往一个方向发展。传统的美术教学模式不容易培养学生的兴趣，长此以往，甚至会让学生对美术失去信心。美术教师在美术教学中应该注重培养学生对美术的兴趣，转变传统的课本教学模式。小学美术教师在实际授课过程中需要多联系实际，多让学生对生活中常见的一些生活场景进行练习。

2. 开发学生的想象力

随着科技的快速发展，创造型的人才越来越受到重视。小学美术教师在授课过程中应注意开发学生的想象力，鼓励学生自主创作。对于一个老师来说，在某一节课上激发学生的兴趣很容易，但要使学生长久维持对美术的兴趣很难。美术学习需要某个时刻的灵感，更需要扎实的专业美术功底。小学美术教师要尽可能给予学生自主创作的机会。例如在讲完一节课后，教师可以给学生留作业，拟定主题，内容允许学生们自由发挥。

3. 开展开放式美术教学活动

传统的课堂模式总是要求学生遵守一定的课堂秩序，但是这样往往会限制学生的创造性。教师在美术授课中可以就传统的课堂模式进行改变，开展开放式美术教学活动。所谓开放式美术教学活动，就是改变拘谨的教学模式，可以把美术课堂放到课外，多进行美术写生活动。广阔的空间、美丽的自然风景更有助于学生保持头脑清醒，更好地开发想象力。开放式美术教学活动还表现在不再完全遵守传统绘画手法，允许学生在绘画技巧上有所不同。不同的课堂环境可以使学生保持新鲜感，有助于激发学生学习美术的兴趣。

4. 多表扬、鼓励学生

小学生无论心智还是行为都不够成熟，容易受到周围环境的影响。老师、家长的评价往往会对他们的行为产生影响。小学美术教师在实际授课过程中应该多对学生进行表扬、夸奖。与打骂、批评等消极行为相比，夸奖和表扬更能调动孩子们学习的积极性，更能激发学生的美术学习兴趣。

5. 多举行美术展览活动

美术是一个大学科，大学科之下又分为很多小学科，比如中国水墨画、西方油画、素描等。举办美术展览活动可以充分向学生展示美术的魅力，小学美术不同于专业的美术教育，它在教授小学生美术专业知识时还要重视对小学生美术学习兴趣的激发。在美术展览活动中，小学生通过欣赏这些美术作品还能提高审美能力。

三、结语

小学美术教育为学生以后接受专业教育奠定了基础。小学是学生全面发展的基础阶段。在小学美术教育中，教师扮演着尤为重要的角色，在美术教育过程中教师应该重视小学生的兴趣培养，转变教学风格，开发学生的想象力，开展开放式美术教学活动，还应该注意多表扬、鼓励学生，多举行美术展览活动。

参考文献

[1] 应祥明. 让小学生在多彩的春天里快乐成长：浅析小学美术教学中学习兴趣的培养 [J]. 南昌教育学院学报，2013（6）：130-130，134.

[2] 高敬涵. 浅析小学美术教学兴趣培养研究 [J]. 读与写（上、下旬），2015（18）：257-258.

[3] 穆潇潇. 粘贴画对小学生创造力的培养的研究 [J]. 美术教育研究，2015（1）：144.

教学策略在网络教学中的应用和实践

宜川县初级中学　张霞飞

摘　要　教学策略在教学过程中运用范围广泛，是教学过程的灵魂所在，为此，通过对网络教学和实地教学的教学准备、教学过程和教学效果做对比，更能够凸显出教学策略在网略教学中的挑战性、新颖性。我们探索在网络教学过程中综合使用多种教学策略，坚持教学策略的多样化和教学策略实施的随机性，不断地充实教师的专业知识，提高教师的教学能力，以适应当代教育形式的发展，在教学反思中不断成长和进步，实践有效提高教学质量的途径和方法。

关键词　网络教学；实地教学；教学策略；教学反思

一、网络教学的含义

网络教学是指在一定教育思想和理论指导下，应用多媒体和网络技术，构成师生互动以及教学信息的传输、收集、共享和处理来实现教学目标的一种教学模式。网络教学具有教学过程的交互性、资源的共享性、信息的综合性、方式的先进性、目标的多样性、内容的丰富性等特点。

二、网络教学和实地教学的区别

网络教学是一种新兴的教学方式，其教学不受地域、空间、时间等限制。而传统的实地教学受到硬件设施、教师资源和学生配置等限制。二者都属于教学手段，但授课准备、授课过程和授课效果存在很大区别。

1. 授课准备

备课是授课的前提，也是上好一堂课的基础，同时也是我们教师所必备的教学素养之一。而教学中的备课主要包含三方面的内容，分别是备教材、备教法和备学生。不管是网络教学还是实地授课，备课是必备环节。因此，网络教学和实地授课在备课环节上的形式是一致的。

2. 授课过程

教学过程是上课的主要环节，是上好一堂课的关键，也是授一节完整的课的灵魂所在。很多文化知识和育人道理都是由这一环节传授给学生的。在新教育理念的倡导下，着重发挥学生的积极性和教师的主导作用，教师也因此由课堂的"执行者"变为课堂的"监督者"。

在实地教学过程中，发挥学生的自主合作探究能力，也符合当下的育人理念。在很多教学过程中，教师也不断的挖掘学生的潜力，激发他们的学习兴趣，帮助学生接受此种教学模式。例如：在教《老王》的这一节课中，我以"寻找身边最美的老王形象"为主题，设置了学生讨论、展示和总结等教学环节。经过十多分钟的讨论，学生从生活在自己身边的人中去寻找这一类人的人物形象，最终的成果也是异彩纷呈，感受良多。实地授课的好处是能够真真切切地把学生推向知识的最前沿，是新事物的直接接触者和感受者。

但网络教学有所不同，网络教学是通过传输媒介来进行传播，是教师单向输出教学内容，即便学生和老师互动也是由学生的主观意念决定的。在授课过程中并不能将现在的教育理念很好地渗透到自己的教学中去，因此教学过程会受到诸多因素的影响，例如教师授课的设备、网络，学生听课的设备以及接受信号的能力。这些因素都不是个人能够决定的，所以，上好一堂网络课，需要教师的专业素养和课余的沟通能力，还需要教师的亲和力。

总之，以上两种授课方式，仅仅需要教师的专业能力和必备素养是不够的，更多地需要我们与时俱进，时时刻刻更新自己的教学观念和教学方法，才能更好地适应社会，适应当下的新教育环境。

3. 授课效果

网络授课和实地授课都是通过一系列的教学方法或者学习方法，使师生获得教学知识体验的一个过程。但两者的授课效果是完全不同的。

网络教学的授课效果是呈"教师＜学生"模式，这种模式是指学生对授课知识的把控性程度，完全取决于学生的自主性和自律性，如果学生没有很好的自我把控性，那就很难把控网络教学的真实效果。而实地教学的授课效果是呈"学生＜教师"模式，这种模式是教师对课堂的授课方式和授课知识的把控性程度，更加取决于教师对课堂的引导能力和驾驭能力。

三、教学策略在网络教学中的应用

1. 教学策略

教学策略即在教学情境中为完成教学目标和适应学生认知需要而制定的教学程序计划和采取的教学实施过程。教学策略一般分为教学内容导向、教学活动导向、教学方法导向三种形式。其中，以教学内容为导向的教学策略，出示教学目标和教学内容，更加注重对教学内容掌握程度；以教学活动为导向的教学策略，教学活动是教师和学生的"双边"活动，注重教师和学生在教学环节中的感受和收获；以教学方法为导向的教学策略，目的在于营造教学氛围，培养学生的学习能力。

由于每一堂的教学都不是单一地使用某种教学策略，更有将三种形式的教学策略综合起来的方式，因为教学受目标、形式、方法等诸多因素影响，因此，为了更好地教学，基本上都是将三种教学方式联合一起用，这样对我们的教学过程会带来一种意想不到的效果。

2. 语文教学中教学策略的应用设想

初中语文教学含有丰富的人文底蕴和道德文化，教师在授课的过程中更加注重传输道德文化和培养学生正确的人生观、价值观和世界观。教师，意为教书育人，承载着一代人的教育使命，未来的教育之路该怎么走，应该培养怎样的接班人都需要教师去衡量、去思考。

我在自己的语文教学过程中，一般情况下会出示本节课的教学目标，因为有目标才有方向，只有完整地向学生呈现学习目标，学生才有动力去追随、去达成。但仅仅有教学目标是不够的，还需要教学策略去支持教学过程。一个优秀的教学过程是需要多种教学策略有机融汇在一起，进行多重组合，以达到更好的学习效果为目的。在目前的教学中，我设想采用多变、多边教学策略，达到学生、教师、课本之间关系的一体化。

四、教学策略在网络教学中的实践

受2020年的新型冠状病毒的影响，教师也登上了"网络巅峰"，各位教师秒变"网红"，这种变化对教师的影响是巨大的，是史无前例的，当下的"互联网+教育"已不是口号，而是真真切切地发生在我们面前。因此，在网络教学的过程中，教师如何让学生喜欢上自己的课，如何让学生中途不溜号，不单单是要靠过硬的专业知识、教师的亲和力，还需要娴熟的教学策略。

1. 教学策略的多样化

教学策略的多样化决定教学过程的多样化，教学过程的多样化决定学生的参与度和课堂氛围的活跃度。在网络教学期间，我在讲授《卖油翁》这一节课中，先通过题目提问题，带着问题去朗读文本，才能知道为什么要写卖油翁，另外，发挥学生的主观想象，让学生找出自己喜欢的一句，并说出喜欢的理由，这和本单元的写作指导就紧紧联系到一起。这样一节多策略课堂，学生的思维一直都是在不断的提升、提高。虽是网上授课，但也能感受到学生强烈的求知欲。

2. 教学策略实施的随机性

教学设计的撰写，对本节课有一个很好的把握，使我们的教学有目标、有重点、更有步骤。但学生的思维是活跃的，我们应该随时调整自己的教学策略，也可以随时调换顺序，或者根据教学过程的进展适当地加减策略，以确保这节课是真实的、有效的。

例如在讲授《望岳》的过程中，起初我的教学设计是出示教学目标，然后翻译，最后让学生总结主旨。然而我发现学生上课的积极性并不高，我随机转换教学策略，这种思想观念的转化，有可能带来不一样的效果，我让他们认识名人大咖杜甫，了解他的一生，用赏析的眼光去看待这首诗，品析名句。这样的一节课下来，学生的积极性就有很大提高。

因此在教学过程中，老师应该注重学生的知识体验，学生是学习知识的主体，教师仅仅是学习路上的引路人。

五、实践反思及今后的教学建议

教师的教学过程，是教师和学生共同进步的过程，在教学过程中存在的不足之处，需要我们进行反思，在反思中成长和进步。

由于学生知识的欠缺和不足，教师的教学预设和学生的实际知识水平相差太远的话，很难让学生能有所收获，有所进步。因此，教师在教学过程中要更加注重教学实际，切记要把握学情。

对于今后的教学，我认为教师应该不断地去充实自己的专业知识和教学能力，还要涉猎其他科目的书籍。教师还要具备新的教学理念，新的教学理念可从教育前辈的经验及中外相关书籍中获取。

总之，网络教学和实地教学有很大区别，但教学策略的运用还是有共同性的，网络教学中所运用的教学策略更具有挑战性。未来的教育路上，网络教学会成为一种全新的教学领域，"互联网＋教育"早已席卷全球，作为教师的我们应该去适应社会，适应科技，适应未来，不断探索有效提高教学质量的途径和方法。

参考文献

[1] 王东兴. 网络时代语文教学新策略的构建 [J]. 厦门教育学院学报，2003 (1)：58-60.

[2] 朱素勤. 网络环境下语文教学策略研究 [J]. 上海教育科研，2005 (4)：90-91.

[3] 周娥. 充分利用互联网平台，不断创新语文教学模式 [J]. 教育教学论坛，2013 (49)：60-61.

提升小学生数学计算能力和学习兴趣的有效策略

宜川县城关小学 宁朝林

摘 要 培养小学生数学计算能力是小学数学教育的重要方面，提高小学生数学计算能力可以从培养小学生学习数学的兴趣、以讲清算理为正确计算提供依据、培养小学生数学计算的好习惯以及重在持之以恒的练习等方面着手，探索不断提高小学生数学计算能力的有效途径和策略，从而为小学数学教育教学质量的提高奠定基础。

关键词 计算能力；学习兴趣；学习策略

一、培养小学生学习数学的兴趣

俗话说："兴趣是最好的老师。"巧学活用，会使相对枯燥的数学学习变得生动、有趣起来，会让学生学得兴味盎然，从而收到事半功倍的效果。培养小学生学习数学的兴趣，可以通过游戏培养兴趣也可以用故事激发兴趣。

（1）在游戏中培养兴趣。例如在低年级计算教学中引入数学游戏"碰球"，既能进行口算练习，也能激发学生进行计算的兴趣。

（2）用故事激发兴趣。名人故事可以有效地吸引小学生对数学计算的学习兴趣。如在教学简便运算前，首先给学生讲解数学家高斯创造性的解答

"1+2+3+……+99+100"这100个自然数之和的故事,为学生创设良好的学习情境,学生不自觉地产生了和数学家比一比的念头,激发学生的学习兴趣。把中外数学家的典型事例,以学生喜闻乐见的小故事娓娓道来,既能活跃课堂气氛,吸引学生注意力,也激发了学生对数学学习的爱好和兴趣。

二、讲清原理,为正确计算提供依据

要使学生会算,首先必须使学生明确怎样算,也就是加强法则及算理的理解。计算依据法则,而法则是根据数的性质以及有关运算定律、运算性质推断得来的。充分重视算理,循理入法,以理驭法方能使学生知其然又知其所以然,计算能力的提高也就有了切实的保证。在计算 8+6 的教学时,教师没有停留在算法多样上,更没有让学生"喜欢哪种方法,就用哪种方法计算",而是引导学生发现这些算法相通的地方,都是通过凑十来达到口算的目的,使学生懂得这种题目通过"看大数,拆小数,先凑十,再加几"的方法口算,这种"凑十法"的口算策略同样适用于后续学习 8 加几、7 加几的进位加法,因而这种策略的优化其潜在价值巨大。

学习任何知识的最佳途径是由学生自己去发现,因为这种发现让学生对知识的理解最深,也最容易掌握其中的规律、性质和联系。课堂上,教师要放手让学生自己去想、去做、去发现问题并寻求解决问题之法。同时,要充分利用已有的几种算法,引导学生进行反思,理清解决问题的思路。及时对"多样化"进行"优化",寻求简洁、容易、快速的方法。要引导学生进行比较和交流,感受不同策略的特点,领悟不同方法的优劣,做出合理的判断和价值评价。

为了使学生头脑中算理清楚,计算起来有条不紊,我们可以根据不同年级采取多种方法使学生理清算理,以达到更好的教学效果。

(1)领悟法。如在低年级讲授进位加法时,可让学生在摆一摆、画一画、数一数的基础上体会凑十的过程,发现满十进一的现象,学生会对"十进制"这一自然数的进位方法有很好的认识。在计算中应用"满十进一"的理论时才不会疑惑不解。我们把这种方法称为"领悟法"。

（2）对比明理法。如二年级学习三位数加、减法时，涉及口算、估算、竖式计算，对于这一知识的教学，我改变计算题以做题为主的惯例，鼓励学生多动嘴说，说一说算理，说一说想的过程，目的在于使学生的思维高度活跃，做到知其然亦知其所以然。

三、培养学生计算认真、细致的良好习惯

学生在计算中常会出现这样一些错误：看错抄错题目；列竖式时数位没对齐；计算时不打草稿；一位数加、减、乘、除计算错误，导致整题错；做作业时思想不集中；做完题不回头检查；等等。这些大多是由粗心造成的，是可以采取措施予以避免的，关键是教师在教学过程中要注重培养学生良好的数学计算习惯。

（1）教师在教学中要做好示范和表率。教师的板演，批改作业的字迹、符号，一定要规范、整洁，以对学生起到潜移默化的作用。

（2）教师在教学中要善于总结经验，归纳方法。比如我教给学生计算的检查方法是：一对抄题，二对竖式，三对计算，四对得数。

（3）教师在教学中要加强口算训练。学生做计算题的速度及正确率与每个学生自身的口算能力有着密不可分的联系。因此，我们注意对学生进行必要的口算练习，基本上采用听算和看算训练。持之以恒，学生计算速度和正确率的提高是显而易见的。

（4）教师在教学中要教育学生养成验算习惯。数学教学应当培养学生作业认真、仔细，书写整洁、格式符合规定，对计算结果自觉检查等学习习惯。我们应该要求学生作业完成后要作自我检查、复核或验算。

四、练习题的筛选要恰到好处

数学知识系统性很强，如果整数的加、减、乘、除法的计算方法没有学好，那么小数的加、减、乘、除法就很难学会。因此，计算教学需要做到新旧结合，循序渐进，精讲巧练，持之以恒。

参考文献

[1] 吕芳. 小学生数学计算能力的培养研究 [J]. 科学咨询（教育科研），2018 (3)：27.

[2] 小学数学教学中学生计算能力的培养与提高 [J]. 杨立荣. 学周刊. 2016 (8)：15.

[3] 赵春玲. 浅析小学数学教学对学生计算能力的培养策略 [J]. 科技创新导报，2015，12 (3)：131，133.

[4] 包明宗. 新课程实施中小学生计算能力的问题、成因及策略探讨 [J]. 西北成人教育学报，2013 (2)：128-130，136.

吴起县中学排球课开展现状调查分析

宜川县城关小学　牛雪琴

摘　要　本研究对吴起县中学排球课开展现状进行调查分析，希望此调查能对吴起县排球运动的开展提供参考。研究采用文献资料法、问卷调查法、访谈法、数理统计等方法，对吴起县一中、二中两所中学共 300 名学生排球运动开展的情况进行调查与分析。研究结果发现吴起县初中排球运动的开展状况不容乐观，排球的教学课时偏少，缺少教学比赛，导致学生缺乏参加排球运动的热情。同时学校领导对排球运动重视不够，缺少投入。建议学校增加相关资金和硬件投入，成立排球队，增加排球教学课时数，加强排球的基本功和技战术训练。

关键词　吴起县；中学；排球运动；对策

近年来随着体育教学改革的不断深化，中学体育日益受到重视，排球运动也为中学生所喜欢。但是在吴起县，排球运动开展的情况却不容乐观。经常参加排球运动的学生很少，技术水平相对也比较低。针对这些问题，我们对吴起县两所中学共 300 名学生进行调查，得出结论，以供吴起县教育行政部门决策参考。希望能借此使吴起县教师能对排球项目的教学更新教学指导思想，运用新颖的教学、训练方法，以提高吴起县排球运动水平，从而调动和吸引更多的学生参与到排球运动中来。

一、研究对象与方法

1. 研究对象

吴起县两所中学（一中、二中）的 300 名学生及部分体育教师。

2. 研究方法

（1）文献资料法。本文通过中国知网、延安大学图书馆、数据库文献资料等，收集和筛选了与本文相关的文章 20 余篇。

（2）问卷调查法。对吴起县两所中学排球课开课等情况进行问卷调查，发放问卷 300 份，回收问卷 286 份，回收率 95%，有效问卷 271 份，有效率 90%，采用现场发放问卷回收问卷的方法。

（3）访谈法。本文通过与吴起县两所中学体育教师当面交谈，了解他们对排球运动开展现状的看法。

（4）数理统计法。问卷回收后，运用 CASIO 卡西欧 FX-82MS 考试专用计算器进行统计处理。

二、结果与分析

1. 中学生喜欢排球运动程度

由表 1 数据可知吴起县中学生有 64% 的学生喜欢排球运动，有 25% 的学生保持中立意见，另有 11% 的学生不喜欢此项运动。排球是一种隔网对抗的集体项目，运动员需要位移的距离很短，身体接触较少，绝大部分情况下需要在准确判断和快速反应的基础上做快速运动，运动员在场上运动次数少，运动强度不是很大，但每次运动的时间不长，间歇的次数少，体力消耗较小，适合中学生参加。由此可见，吴起县应加大中学生排球运动的开展力度，以满足更多学生的锻炼需要，让喜欢排球的学生都参加到排球运动中来。

表 1　中学生喜欢排球运动程度（n=271）

是否喜欢	人数	百分比（%）
喜欢	173	64

续表

是否喜欢	人数	百分比（%）
一般	68	25
不喜欢	30	11
合计	271	100

由表2可以看出学生因健身娱乐、兴趣爱好喜欢排球运动的比率为53%，喜欢队员间的默契配合，所占比率为32%，认为身体对抗少，所占比率为10%，其他原因占5%。由于排球是一项隔网对抗性的体育运动，比赛中基本没有身体接触与冲撞，运动损伤的概率较小，同时排球又是一项集体项目，讲究团队精神和集体协作，在双方实力均衡的情况下，就需要队员间的默契配合发挥团队优势，排球运动因为既有健身娱乐功能，又能增进队员间的默契，增强集体凝聚力，而深受同学们的喜欢。

表2 中学生喜欢排球运动的原因（n=173）

原因	人数	百分比（%）
喜欢队员间的默契配合	56	32
健身娱乐、兴趣爱好	90	53
身体对抗少	18	10
其他	9	5
合计	173	100

由表3数据可以看出学生不喜欢排球运动的原因是：50%的人认为排球运动枯燥乏味，30%的学生认为排球的技术性太强而学生自身条件和水平有限，另有13%的人认为身体接触少、对抗不激烈而对排球没有兴趣，其他原因占7%。因为排球是一项专业性较强的竞技活动，其中的技术动作较难掌握，没有技术保证就难以组织精彩比赛，而学生因为技术水平较低、身体条件有限，使排球比赛的精彩度不高，而排球的传球、垫球等基本功需要长时间的练习，既枯燥又乏味，容易使学生厌倦。因此老师应采取新颖的教学方

法如游戏方式等进行教学,以此调动起学生学习的积极性。

表3 学生不喜欢排球运动的原因(n=30)

原因	人数	百分比(%)
排球运动枯燥	15	50
技术性太强,自身条件和水平有限	9	30
身体接触少、不激烈	4	13
其他	2	7
合计	30	100

2. 吴起县中学生在排球学习中存在的问题

由表4数据可知,吴起县中学生有35%在此门课上技术熟练,26%有了较熟练的技术,而23%的学生技术一般,只是接触过而已,另有16%的学生技术生疏。排球运动是根据学生的学习兴趣和爱好所开设,学生掌握排球运动技术水平参差不齐,教学过程中很难满足不同基础层次学生的学习需要,不利于因材施教,这是影响排球教学质量的一个重要原因。因此教师应根据学生的实际情况采用:①技术水平相对高的和技术水平低的一块练习,使技术水平低的能够得到帮助;②技术水平接近者一块练习,在练习中互相切磋,在相互对抗中提高技战术水平;③通过耐心指导及鼓励来增强基础差的学生的自信心,从而提高其积极性。

表4 吴起县中学生排球技术水平情况分析(n=271)

技术程度	人数	百分比(%)
技术熟练	96	35
技术较熟练	70	26
技术一般	61	23
技术生疏	44	16
合计	271	100

表 5 的调查结果显示：吴起县有 13% 的学生认为排球场地建设非常合理；17% 的学生认为排球场地建设合理；37% 的学生认为排球场地建设一般；33% 的学生认为排球场地建设不合理，排球、篮球同用一个场地有时会相互影响，教学不能顺利进行，有时几个班同在同一时间上课，场地严重不足，教学质量很难保证，所以学校应提供足够的排球场地，以满足学生参加活动的需要。

表 5　吴起县中学排球场地、器材、师资是否合理调查分析（n=271）

是否合理	人数	百分比（%）
非常合理	35	13
合理	47	17
一般	99	37
不合理	90	33
合计	271	100

由表 6 可以看出，学生认为排球教学中存在一些问题，33% 的学生认为战术教得少，比赛中战术运用得太少，教学比赛打得少，队员间的配合意识不强；18% 的人认为老师教学中批评多、鼓励少、过于严格；另有 44% 的学生认为教学方法不好；其他原因占 4%。由此可见，问题主要集中在老师的教学内容和方法方面，学生希望在教学过程中更多地贯穿比赛和技战术教学，以增强队员间的配合意识和队员的应变能力，在比赛中让自己学到的基本技术得到充分发挥和运用，同时希望学到排球战术，在排球教学过程中老师应遵循循序渐进原则。排球是一项技术性较强的运动，一些技术掌握起来很慢，需要老师耐心指导，多鼓励学生，增强学生的自信心，提高学生学习的积极性。

表 6　学生认为吴起县在开展排球课中存在哪些问题（n=271）

存在的问题	人数	百分比（%）
教学比赛少、战术教得少	90	33

续表

存在的问题	人数	百分比（%）
批评多、鼓励少、过于严格	50	18
教学方法不好	119	44
其他	12	4
合计	271	100

3. 学生业余时间参加排球运动的情况

由表 7 数据可以看出，吴起县有 70% 的中学生业余时间不参加排球运动，30% 的中学生会利用业余时间参加排球运动。由此可见，吴起县中学生业余时间参加排球运动的人不多，而技术水平的提高只靠上课时间的学习和练习是不够的，很大程度上需要学生业余时间自己练习。

表 7　学生业余时间参加排球运动统计（n=271）

是否参加	人数	百分比（%）
参加	82	30
不参加	189	70
合计	271	100

由表 8 可以看出，吴起县中学生业余时间不参加排球运动的主要原因是运动时人数太少，所占比率为 38%；另一主要原因是没时间，所占比率为 24%；有 15% 的学生认为自身水平低；有 18% 的学生认为场地太远；其他原因不参加排球运动的有 5%。

表 8　学生业余时间不参加排球运动的原因（n=271）

原因	人数	百分比（%）
没时间	65	24
自身水平低	40	15
场地太远	49	18

续表

原因	人数	百分比（%）
运动时人数太少	103	38
其他	14	5
合计	271	100

由此可见，大部分同学的排球技术水平还比较低，在排球场上无法展现自己的风采，在一定程度上降低了他们参加排球运动的兴趣。运动时人数少、自身水平低、没时间都降低了学生参加排球运动的热情。

4. 吴起初中排球的教学现状

表9可以看出，两所初中都开设排球课但是开设的情况不是很好。吴起县一中初一开设排球课，所开排球课课时占初一体育总课时的17%；吴起县二中初二开设排球课，所开排球课课时占初二体育总学时的11%。每所学校只有一个年级开设排球课程，开设的课程所占总学时的比例也不高，造成这一结果的原因是受场地器材和师资力量等条件的限制，这也使学生错过了排球动作技能形成的最佳年龄阶段。体育教学是学校体育工作的中心环节，是学生获取体育知识、掌握动作技术、提高运动技能的重要途径，今后必须加强排球的教学和训练。

表9 吴起县两所初中开设排球课的情况

学校名称	年级	开设情况	总学时	学时	所占比例
吴起县一中	初一	开设	36	6	17%
	初二	未开设	36	0	0
	初三	未开设	36	0	0
吴起县二中	初一	未开设	36	0	0
	初二	开设	36	4	11%
	初三	未开设	36	0	0

由表 10 可以看出，吴起县初中缺乏专业的排球教师。吴起县两所中学各有 6 名共 12 名体育老师，其中排球专业的只有 2 名，所占比例仅为 17%，排球的师资状况不容乐观。对两所中学的体育教师进行访谈，他们认为虽然在体育院校学习了几十课时的普修排球课，但真正系统地对中小学生进行教学或带训练队还有一定的难度，需要继续学习。他们认为在排球特长教师的带动和影响下，完全能在学校中形成一种学习和参与排球比赛的良好气氛，再加上排球运动本身的特点和魅力，这一运动项目肯定会被广大的师生所喜爱。排球师资的数量和质量直接关系到学校运动的开展水平。排球运动是一项对技能要求较高的运动项目，对初学者来说，必须有一个学习和适应的过程，特别是发、垫、传、扣、拦等基本技术的学习和综合运用，没有专业教师的指导是很难衔接好的。

表 10 排球专业教师情况

专业	人数	百分比（%）
排球专业	2	17
非排球专业	10	83

三、结论与建议

1. 结论

（1）学校领导对排球重视不够，缺乏专业的排球教师及对排球运动的认识，场地和器材设备条件差，是影响排球运动开展的重要因素之一。

（2）吴起县初中排球运动的开展状况不容乐观，主要是因为排球的教学课偏少，排球教师的教学方法也存在一些问题。

（3）导致吴起县两所中学部分学生排斥排球课的原因是教学比赛少、战术教得少、批评多、鼓励少等。

（4）学生课余时间参加排球运动的人较少，是因为运动时人数少、自身水平低、没时间等降低了学生参加排球运动的热情。

2. 建议

（1）增加排球课节数，每周3节。为老师、学生提供良好的教学、训练条件。改进教学方法，加强基本功和技战术的训练。组织学生通过多媒体观摩比赛，提高学生对排球认识，加强学生的知觉感和位觉感，达到增进学生学习兴趣的目的。

（2）在吴起县中学成立排球队，以提高学生对排球运动的了解和认识，有利于排球运动的开展。学生在学习排球以前，由于对排球技术了解较少，在练习过程中容易对身体造成伤害，所以在学习硬排球之前，可先学习软式排球，既可以掌握排球运动的动作要领，为学习硬排球打下基础，又可以防止不必要的损伤。

（3）充分把学生的业余时间利用起来，加强排球的基本功和技战术训练，成立排球队进行系统的训练，多组织各种各样的排球联赛和排球比赛，从整体上提高排球水平，从而带动更多的学生参加排球运动。

（4）需要增加排球场地，改善场地设施和器材，将排球场建于便于上课、训练的地方。

参考文献

[1] 王成，杜从新. 我国高校办高水平排球队的现状分析与发展对策 [J]. 2002，25（2）.

[2] 肖家英. 激励机制在排球教学中的应用 [J]. 武汉体育学院学报，1997（1）.

[3] 李荣. 观摩比赛对排球选修课教学效果的实验研究 [J]. 南京体育学院报，2002，16（4）.

[4] 张燕杰. 保留项目特色拓宽高校排球教学空间 [J]. 伤害体育学院学报，2002，23（5）.

[5] 庄拥达，刘健. 我市高校开展软式排球的可行性研究 [J]. 宁波大学学报，2001，23（5）.

[6] 曾俏. 排球运动 [M]. 北京：人民体育出版社，1999.

[7] 张小栎. 高校学生排球学习动机的调查分析 [J]. 体育教科，1997（18）.

［8］李卫平.普通高校组建排球俱乐部对学生健身效果的影响分析［J］.南京体育学院学报，2006，16（2）.

［9］高大光.从排球战术的发展谈教学的改革［J］.内蒙古民族师院学报，1997，12（1）.

［10］王桥.浅析排球比赛中运动员的心理特征［J］.科技信息（科学教研），2008（3）.

［11］黄世伟.青少年排球运动员技能训练对策研究［J］.才智，2008（4）.

［12］叶刚.关于增强青少年排球运动员心理素质训练的思考［J］.才智，2008（4）.

浅谈情感体验在小学音乐教学中的意义

宜川县城关小学　王妮娜

摘　要　音乐是最富有情感的艺术，而正是这种"情"牵动着无数学生的心。"情"更是艺术创作的灵魂，所以音乐教育不仅要让学生学会音乐知识，更重要的是要让学生体验音乐内在的情感，引导学生感悟作者的创作意境并从中得到心理上的艺术满足，从而完成真正的心灵陶冶；创设音乐情境，以增强学生对音乐作品的感知能力；分析音乐要素，引出学生情感共鸣；鼓励创造，引起学生情感升华。音乐教育要贴近学生的实际生活，让学生获得情感体验。在音乐课堂教学中充分运用情感体验教学，以培养学生美好、高尚的情操和丰富的情感以及健全的人格。

关键词　情感体验；创设意境；情感共鸣；情感升华

　　音乐艺术是凭声波振动而存在，在时间中展现，通过人的听觉器官而引起各种情绪反应和情感体验的艺术。"乐由情起"，音乐也是最富有情感的艺术，托尔斯泰曾说："我喜欢音乐胜过其他一切艺术。"黑格尔曾说："音乐是精神，是灵魂，它直接为自身发出声音，引起自身注意，从中感到满足……音乐是灵魂的语言，灵魂借声音抒发自身深邃的喜悦与悲哀，在抒发中取得慰藉，超越于自然感情之上，音乐把内心深处感情世界所特有的激动化为自我倾听的自由自在，使心灵免于压抑和痛苦。"

情感体验是指在音乐教学过程中，欣赏作品或演唱作品时引起的一系列情感反应。音乐是情感的艺术，是以审美为核心的艺术。好的音乐作用于人的情感，引起共鸣、激动、联想、想象，以"随风潜入夜，润物细无声"的方式，浸润着人的心灵，使人受到某种道德情操、精神品质、意识观念的熏陶和渗透，从而达到优美崇高的思想境界。

情感体验是音乐教学中所不容忽视的，所以我想就这一问题谈以下几点：

一、情感体验在音乐教学中的重要性

从心理学上讲，情感是人对客观现实的一种特殊的反应形式。它是人对待外界事物的态度，是人对客观现实是否符合自己的需要而产生的体验。从艺术价值上看，音乐是最富情感的艺术，最容易激发和调动情感，并能很好地体现个人的修养。从实践教学看，情感体验是可以获得和培养的。因此，在音乐课中，学生可通过大量的音乐实践得到情感的体验、抒发，产生一定层次的认识、评价、鉴赏的能力，提高学生的音乐审美修养水平。情感体验疏通了教师与音乐，学生与音乐，教师与学生之间多方面的渠道。情感体验是引导式与自然流露相配合，与音乐紧密相联，突出了学生的主体作用。产生了情感的呼应，就有了对音乐知识内容的积累，对音乐兴趣的提高，从而寻找到适合于自己，并与自己性格相吻合或有差异的音乐去聆听、感悟。音乐大门的开启，要靠教师选择好钥匙。情感的调动和培养则是教学中最好的选择。

二、创设意境，以情感知

创设情境，是要根据音乐的情境、风格和具体内容创设相应的环境气氛。音乐旋律的起伏变幻，迂回曲折，动和静、高和低、快和慢、紧和松的对比组合，展现它特有的魅力，能激起人们感情的波澜。所以音乐教学中必须充分发挥音乐本身的美，去滋润学生的内心世界，陶冶学生的情操。

为增强学生对音乐作品的感知能力，创设一定的意境是十分必要的。因为创设适当的环境气氛，能让学生受到美的感染及产生情感上的共鸣。

如教唱歌曲《我们的田野》时，为了充分调动学生的多种感官，首先让学生看课本上一幅描绘农村新貌的美丽而辽阔的画面，以此激发他们进行想象，锻炼他们的思维能力，增强学习兴趣。再以学生自己家乡变化为主题让学生讲述党的富民政策给农业、农村和农民带来的巨大变化，使学生在情感上有一定的体会。

这首歌的歌词本身就是一首极其优美的抒情诗，它犹如一幅清新的水彩画，把祖国的大自然描绘得引人入胜。接着再让学生有表情地朗读一遍歌词，学生的学习欲望调动起来了，由此唤起他们从小热爱美丽的祖国，长大开发丰富宝藏的愿望，在他们幼小的心灵播下爱国主义思想的种子。通过学生的直接朗读，声音轻重缓急，语言的抑扬顿挫与歌曲所要表现的无边的田野，翻滚的稻浪，翱翔的雄鹰等形象十分吻合，能起到传情达意的效果，使作品的内在情感因素得到充分的挖掘。

在现代化教育手段中，多媒体运用也能发挥出很好的创设情境的功效。特别是在欣赏音乐形象明显的组曲、交响音诗、音画等音乐的教学中，可以一展身手。在欣赏《动物狂欢节》时，我采用多媒体技术营造了强烈的森林气氛，使学生置身于葱郁的大森林中体验各种不同的动物形象。虽然没有看到真实的动物，但学生能通过音乐感受到狮子的威武神气和大象的憨态可掬。

三、分析音乐要素，引出情感共鸣

柏拉图曾说："音乐教育除了非常注重道德和社会目的以外，必须把美的东西作为自己的目的来探究，把人教育成美和善的。"音乐教育是这样，音乐艺术自身就应是美的化身。音乐有4种基本要素：节奏、旋律、和声和音色，在此仅就"节奏"予以说明。节奏是音乐的骨骼，是声音在时间上的组织。节奏的变化使情绪有很大的差异，节奏缓慢时心情平和或沉重或压抑，节奏鲜明则一般情绪高涨、激动。节奏的快慢也会使生理、心理产生变化，情感体验不相一致。节奏快心跳加快，动感增强，如非洲的音乐，节奏快速、多变，这样的节奏代表了非洲部落成员的共同感情和意志；节奏缓慢则心平气和、稳重，在音乐作品中多用于叙事、抒情等。在音乐欣赏教学中，让学生做一些节奏练习，体会这些变化。

四、鼓励创造，引起情感升华

苏霍姆林斯基说过："真正的教育智慧在于教师保护学生的表现力和创造能力，经常激发他体验学习快乐的愿望。"在引出了学生的情感共鸣之后，可以鼓励学生进行艺术创新，引起情感的升华。艺术创新是学生主动参与音乐、体验音乐。比如，在欣赏《狮子》之后，有学生迫不及待地要表现狮子的威武凶猛，我就让他跟着音乐学着狮子走到学生中间，吼着吓唬两边的学生，不仅使他更好地体验音乐，更使其他同学更好地理解了音乐。

实践证明，情感是音乐教学的生命线，"情感教学"当然要"以情施教"，教师伴以积极的情感，达到以情促知，使音乐课成为学生真正喜爱的课，才能让学生在音乐中得到美的享受和熏陶。

五、贴近学生的实际生活，获得情感体验

别林斯基曾说："不管哪一种音乐，都要反映一种情感，只要有情感，机械表达的可怕的单调的印象就没有了。"情感的表现可体现在古典音乐之中，它也可在通俗，流行音乐之中。学生平日所接触的是大量的通俗音乐。如在课堂上禁止，那就事倍功半了，课上留出一点时间，5—10分钟，让学生在老师课前筛选的曲目中选听一些他们所喜爱的流行音乐，可以放松他们紧张的神经，建立师生的沟通，使学生的音乐情感得到自由的发挥。

如前不久的雅尼音乐，帕瓦罗蒂与流行歌手共唱《我的太阳》《饮酒歌》等。小型的音乐欣赏会更是深受学生的喜爱，不仅自娱自乐，同学之间相互影响，同学们的欣赏水平和品味也在不断地提高，学生的表演，台上尽情的表现，台下真情相伴反响强烈，情感投入越多，兴趣就越浓厚。学生的性格、爱好等方面有差异，所以选取不同风格的音乐与之相适应，相信会在某一时刻与他们相碰撞并爆出火花。

总之，学校音乐教育应努力从学生的认识水平出发，更多地培养学生美

好、高尚的情操和丰富的情感，健全的人格。利用音乐教育让学生多感知、多想象、多体验、多创造等。并充分运用课堂教学中师生双方直接或间接的情感体验，激发学生认识美、创造美的愿望，让学生的情操受到陶冶，完成美感的实现，让我们的情感与音乐一起翱翔。

参考文献

［1］侯乐萌. 核心素养背景下音乐教学的反思与创新［J］. 中国教育学刊，2019（S2）：45-46.

［2］滕文彩. 多媒体信息技术在小学音乐教学中的合理应用研究［J］. 中国新通信，2022，24（17）：218-220.

［3］李丹. 小学音乐欣赏教学中情感式聆听的重要性与实施方法［J］. 教育科学论坛，2024（5）：30-32.

课堂管理的重要性与影响因素研究

宜川县中学教育集团北关校区　宁月妮

摘　要　课堂管理是影响课堂教学的一个重要因素，良好的课堂管理在一定程度上对课堂教学有促进作用，能够更好地帮助学生在课堂上学有所获。本文关注并阐述管理课堂的三大影响因素——教师自身素养、教学方法和师生关系的亲近程度，以期引起一线教师对课堂管理的深度反思与实践。

关键词　课堂管理；教学方法；师生关系

作为一名教师就是要为人师表，为人师表必须要言传身教。我认为，应该做到：衣着打扮整洁干净，美观大方；行为举止文雅礼貌，稳重端庄；待人接物热情，和蔼可亲；教态自然典雅，从容潇洒；等等。

一、教师自身的素质和能力，影响课堂的管理

俗话说：要教给学生一碗水，教师要有一桶水。这些年来，我很重视自身素质的提高，无论是进修学习，还是参加继续教育的各类考试，我都是认真对待，刻苦努力，要真实的成绩，我觉得这样对自身有好处，掌握真本领，有利于自己的教学。只有提高自身的素质和能力，才能更好地管理课堂，收到良好的教学效果。

二、教学方法是否灵活，影响课堂的管理

首先，表扬与批评相结合。在课堂教学中，学生违反纪律的现象经常出

现，我们肯定要进行批评教育，但需注意的是，要把批评和表扬结合起来，如果只是批评，没有表扬，学生会对自己失去信心，自暴自弃，破罐子破摔，结果会变得越来越差。教师要善于发现学生的"闪光点"，即使是后进生，也要看到他们的长处，通过表扬他们的长处，让他们主动改掉自己的短处。表扬与批评相结合，有利于我们的课堂管理。

三、亲近与远离的适度性，影响课堂的管理

师生关系大致有四种类型：紧张型，冷漠型，庸俗型与和谐型。紧张型的师生关系，是指教师以自我为中心，对学生主要采取强制手段，方法粗暴简单，学生对教师心怀不满，师生情绪对立，关系紧张，教学气氛沉闷压抑；冷漠型的师生关系，是指教师缺乏热情，只管教，不管学，对学生不冷不热，不闻不问，学生对教师则不亲不热，不爱不恨，"敬而远之"，教学气氛平淡无奇；庸俗型的师生关系，是指教师过分迁就学生，该严不严，该管不管，短期内似乎亲密和谐，但时间一长，教师则威信扫地，令不行，禁不止，教学管理犹如一团散沙；和谐型的师生关系，是指教师对学生热情、尊重、信任，学生对教师敬重和爱戴，教学气氛生动活泼，师生关系民主和谐。综合比较以上四种师生关系，可见，和谐的师生关系能营造良好的课堂气氛，提高教学效率。我认为，教师和学生亲近和远离的适度性恰恰是构建和谐师生关系的重要因素。亲近学生，就是教师对学生要有热情，要关心学生，爱护学生。在这方面，我不但重视学生的课堂学习情况，也关心学生的生活情况，让学生感到老师严中有爱。对学生热爱关心的同时，我也很注意和他们之间的距离，从不迁就他们，也不过分地亲近他们、不分彼此，我觉得亲近和远离必须适度，这样才有和谐的师生关系，才能有利于我们的课堂管理，提高教学质量。

综上所述，教师自身的素质和能力，教学方法的灵活运用，师生之间亲近与远离的适度性，是课堂管理的关键，抓住这三点方可有效管理课堂，也才能够有效改善和提高教学效果。

参考文献

[1] 王晶莹,赵婧妍,程秋,等.教师的课堂管理如何影响儿童的认知和社会情感技能——2008—2019年国际研究的质性元分析[J].世界教育信息,2022,35(5):22-29.

[2] 刘彦武.以课堂秩序为中心的教师课堂管理行为研究[J].电脑知识与技术,2016,12(9):149-150.

[3] 徐宣全.教师课堂教学控制的影响因素及策略[J].科技视界,2015(7):168,268.

[4] 郭丽丽.教师期望效应与高效课堂管理[J].教育学术月刊,2012(6):78-79.

[5] 周德军.影响课堂教学管理效果的若干因素分析[J].教学与管理,2011(36):29-30.

低年级识字教学之我见

宜川县第三小学　王海霞

摘　要　识字能力是学习能力的基础，也是小学低年级语文教学的重点和难点。小学低年级学生的思维特点是具体形象思维为主，而刚刚入学的一年级学生，一打开课本就是大量抽象的归类识字。为了使学生在愉快轻松的气氛中主动地识字，教师要根据儿童年龄特点，有意识地激发他们的识字兴趣，拓宽识字途径，培养识字能力。

关键词　识字教学；识字兴趣；识字能力

对于低年级的小学生而言，他们正处于形象思维占主导的发展阶段，识字教学需要依据他们的思维特点，运用多种方法激发他们的识字兴趣，进而培养他们的识字能力。基于这样的认识，我对低年级识字教学进行了探索，并总结了以下几点教学经验：

一、根据儿童的思维特点，把抽象的符号具体形象化

识字本身是枯燥的，而对于枯燥的事物，人们的情绪总是消极和被动的。如果孩子们一味地被动识字，不仅识字的效率低，而且在一定程度上束缚了思维的发展。因此，作为教师一定要在起步阶段通过多种途径来营造识字教学的良好氛围，充分调动起儿童识字的兴趣，不断激发学生去体验识字的乐趣，只有这样，学生才能乐于识字，主动识字。在语文各种教学活动中，课堂教学是教学活动实施的主渠道，它是所有教学活动中最关键、最活

跃的载体，同时它也是教育活动中最重要的实体，教育质量在这里体现，办学效益在这里显现，未来的人才在这里养育。所以，关注课堂是我们教学关注的焦点。

教师是学习活动的组织者和引导者，教师的教是学生知识转化为技能的外因，外因只是学生主体变化的条件，而学生的自觉性、主动性是学习的内因，外因通过内因而起作用，外因则必须作用于内因而得以外显。也就是说，教学只有深入学生的心灵，激发他们的情感共鸣，才能在学生的内心深处积淀，从而内化为自己的目的和需求。正确的方法是让学生本人把要学习的东西发现或创造出来，教师的任务是引导和帮助学生进行这种"再发现"。正如苏霍姆林斯基所指出的："在人的心灵深处，都有一种根深蒂固的需求，这就希望自己是一个发现者、研究者、探索者。而在儿童的精神世界中，这种需要特别强烈。"

二、利用游戏活动，调动学生学习抽象文字的兴趣

兴趣是激发儿童从事学习的动力。游戏是儿童喜闻乐见的活动形式，儿童喜欢模仿，喜欢重复，喜欢表现。教师在教学中要利用游戏的形式调动学生学习抽象文字符号的兴趣，不断采用儿童喜闻乐见的形式来进行教学，如猜字谜、找朋友、风车转转等，将这些儿童学前生活中的游戏引入课堂，使课堂成为学生学习的乐园。学生在课堂上感受到了学前游戏的乐趣，对识字就会兴趣盎然。

三、利用多媒体教学手段，调动学生多种感官参与识字教学活动

教学中，教师还可以充分利用多媒体课件，让学生来观看一个个充满神秘色彩的文字。如先出一组象形字，这组字采用由实物图到象形字，再到现代汉字简化字，逐渐演变的动画形式出现，富有动感的、生动有趣的画面一定会使学生产生神秘感，同时也调动了学生的多种感官参与识字教学。实践证明，利用多媒体课件进行识字教学，简化了思维过程，减轻了记忆的强度，促进了思维的正迁移，有利于培养良好的认知策略，激起学生去探索这

蕴含无穷奥秘和乐趣的汉字世界的欲望。"为了每一个学生的发展"是新一轮课程改革的灵魂。综合实践活动本身具有整体性、实践性、开放性、生成性和自主性的特征，为学生主体性的发挥提供条件。语文是实践性很强的课程，应着重培养学生的语文实践能力，而培养这种能力的主要途径也应该是语文实践，学生的活动领域可以从校内走向校外，活动的内容由教材拓展到社会与自然，以促进学生的自主性发展。

四、给字配"画"，培养学生的想象能力

在识字教学中，教师要根据学生思维的特点，引导学生想象，帮助他们把抽象的符号具体形象化，培养学生的识字能力。简笔画简洁明了、形象生动，而且内蕴丰富，给人以极大的想象空间。低年级儿童对图画的兴趣浓于文字，在生字字形教学中，教师要不失时机地让学生发挥自己的想象，给生字配上"身体动画""思维动画"，如教学"跳、扔、举、拍、扫、洗、刷、端"一课时，学生运用想象，给生字配上身体动画，让字形在脑海里如动画般流出来，让一个个静止的生字都活起来，初步培养他们的识字能力。给字配"画"恰当地结合在图画与文的巧妙联系中，丰富了学生的想象，使学生生动地识字，有效地提高学习效率。

五、开展实践活动，把学生引向广阔的生活空间

教师从儿童的生活实际出发，从儿童的兴趣出发，开展实践活动。采取模拟、创设情境的办法让儿童识字。如举办"娃娃超市""动物运动会""秋天的田野""我当小导游""逛商店"等活动，活动是儿童生活的一部分，教师在教学中就要注意和社会生活相沟通，使儿童尽快从"我"的世界跨入更广阔的周围环境，从而吸收各种信息，扩展想象和思维的空间。因此，当学生掌握了识字方法、乐于识字、善于识字后，教师就要有意识地让学生在生活中识字。

着眼学生的终身学习、着眼学生的发展，必须要让学生积极主动地参与学习活动，在主动参与的过程中掌握学习的方法与技能。我们必须明确地意

识到：作为 21 世纪的教育工作者，应当谨记"授人以鱼仅供一饭之需，授人以渔则终生受用无穷"的道理。寓学法于教法中，不仅要使学生"学会"，更要使学生掌握学习方法，做到"会学""善学"。

总之，小小汉字，奥妙无穷。教师要充分发挥教师的主导作用，结合学生的思维特点，调动学生的多种感官，使学生积极地参与识字教学，处处从学生主体的实际出发，鼓励学生充分想象和积极实践，学生就能获得成功的喜悦，从而使枯燥的识字教学成为培养学生发现兴趣和热情探索的热土。

参考文献

[1] 吴雪春. 提升小学语文低年级识字教学有效性的策略研究 [J]. 国家通用语言文字教学与研究，2022（12）：167-169.

[2] 姚尧. 多媒体交互在低年级语文教学中的可行性探究 [J]. 河南教育（教师教育），2023（8）：75-76.

[3] 吴雪春. 提升小学语文低年级识字教学有效性的策略研究 [J]. 国家通用语言文字教学与研究，2022（12）：167-169.

初中地理课堂情境教学探索

宜川县初级中学　薛江荣

摘　要　对初中生来说，地理学科的知识点具有一定的抽象性，需要记忆的内容也比较多。要想提升课堂教学效率，地理教师就要改变传统教育模式。情境教学是一种效果较好的教学模式，能让学生身临其境地感受、体会、掌握地理知识。本文主要针对情境教学模式在初中地理教学中的应用进行探讨。

关键词　初中地理；地理教学；情景教学

一、情境教学概述

从定义角度来分析情境教学，其实就是指在课堂教学中，教师通过创造一些比较具体的情境，让学生了解所学知识点。情境教学具有比较高的使用价值。使用该方法传授相关知识点时，教师需要认识情境教学包含的多种类型的教学资源，如教学视频、多媒体等，并有效融入情境教学模式，让学生学好初中地理这门科目的一些比较枯燥、难懂的知识点，更直观、深刻地了解教师所教内容。这种创新性的教学方法能让学生不断提高地理知识水平。

二、初中地理教学现状

从目前的情况来看，初中地理情境教学存在教学模式单一的情况，不能满足学生对知识的需求。比如，在讲解地形地貌的有关知识时，教师通常只会用教材上的一些图片来辅助讲解，这会让学生对地理失去兴趣，并产生视觉疲劳，最终的教学效果相对较差。甚至有部分教师连续好几年都使用同一个 PPT 来教学，PPT 上的内容与现实生活严重脱节。当然，除了情境模式单一之外，目前的初中地理课堂还存在课堂体验不足等问题。

三、初中地理课堂上创设情境教学的策略

1. 合理运用多媒体进行综合教学

在科学技术快速发展的背景下，社会各个领域都采用了各种新技术。在教育领域，教师也可以应用这些新型的科学技术，将教材上的知识点变成另一种形式，便于学生了解和学习。例如，初一上学期人教版《地球的运动》这一节的教学目标主要是让学生观察并了解地球是如何运动的，掌握地球基本的运动规律，让学生清楚昼夜交替这种自然现象的原因，分析、比较太阳在二分（春分，秋分）二至（夏至、冬至）日的照射情况。在上课过程中，教师如果利用多媒体让学生看到丰富多彩的地理知识，使之产生浓厚的兴趣，从而主动、积极地参与学习活动，而不是被动地接受知识，就能取得较好的教学效果。

2. 利用活动进行情境创设

利用活动来进行情境创设是改变传统教育观念的一种情境教学方法，也就是在课堂教学的过程中，通过开展各种各样的教学活动，提高学生学习地理知识的热情和兴趣。比如，在教学有关地球和地球仪的内容时，教师可以用大小适中的球体或铁丝等多种材料来制作简单的地球仪，让学生在地球仪上标注地球的赤道、南北回归线、两极及其他的内容，并引导学生将这个地球仪转动起来，模仿地球的公转和自转。这样，学生就可以轻松、愉快地学到有关地球和地球仪的知识了。

3. 利用问题进行情境创设

其实，处于初中阶段的学生思维发展并不是很成熟，初中阶段正是对其思维能力进行培养的最好阶段。各种各样的问题会出现在他们的脑海中。如果教师能在该阶段解决这些问题，那么，他们的思维能力就能得到良好的培

养。在情境教学中，教师提出具体的问题让学生思考，有助于提高学生思维能力培养的效率。很多初中生在学了部分地理知识后，会认为自己对这些知识已经完全掌握了。对此，教师可以通过提出问题来创设情境，让他们掌握更全面的知识点，并发展自己的思维。

当然，除了使用以上三种方法来进行地理情境教学之外，在具体的教学实践活动中，教师还要以学生为教学主体，尊重学生的课堂主体地位，让他们充分发挥自己的想象力、创新力，提升自身的综合素质，将地理知识与情感、态度、价值观有机统一起来。

四、结束语

总之，初中地理这门学科包含的内容非常多，涉及范围很广，教师必须认清初中地理教学的现状，并在此基础上，使用科学、合理的方法将情境教学模式融入课堂教学，使知识生活化、生活知识化，将抽象的知识点化为具体使用问题情境的方法，或是创设活动情境的方法，提高学生的学科素养。

参考文献

［1］房茜."双减"背景下初中地理课堂主题情境活动的设计与实施［J］.华夏教师，2022（5）：38-39.

［2］严斌.新课标下情境教学在初中地理教学中的应用研究［J］.国家通用语言文字教学与研究，2022（12）：78-80.

［3］王永.情境教学法在初中地理教学中的应用分析［J］.中学地理教学参考，2021（24）：29-30.

［4］司勇.问题导学下初中地理教学的构建分析［J］.科学咨询（教育科研），2020（5）：140.

中学信息技术教学模式探讨

宜川县中学　杜建梅

摘　要　随着我国社会经济和科学技术的快速发展，传统教育已跟不上现代化社会的步伐。目前，中学信息技术教育没有既定的教学模式，教师要确保信息技术教育在培养新型人才方面应有的作用，就必须因地制宜地设计教学模式。

关键词　中学信息技术；教学过程；教学模式

人类以信息技术为核心内容的现代科技竞争日趋激烈，世界各国均不同程度地加强了对中小学信息技术教育的重视。目前，中学信息技术教育还没有既定的模式，教师要确保信息技术教育在培养新型人才方面应有的作用，就必须自己设计教学模式，这对比较年轻的计算机教师队伍来说存在不少困难。撰写本文的目的，是以自己从事中学计算机教育的体会，与大家共同探讨更加科学合理的教学方法，使信息技术教学迈上一个新台阶。

中学信息技术课教学主要包括理论课、上机课和课外实践三个环节，三者课时比例目前受各种因素制约，从实践类课程的教学规律而言，应以不违背以下原则为宜。

一、理论课教学原则

1. 理论课在信息技术课时中的比例应远小于上机课

传统的课堂授课形式在信息技术教学中只适合完成基础知识、小结讨论等内容的教学，所以理论课在信息技术课课时中的比例应远小于上机课。

2. 应给予第一节信息技术课足够的重视

俗话说：良好的开端是成功的一半。教师为学生上的第一节信息技术课要结合典型事例（最好辅以相应的多媒体演示）使学生对计算机的发展、应用有一个比较系统、全面的了解，并从中感悟到学习信息技术的重要性，激发出学习的欲望。

3. 课前用于知识记忆性质的检查提问应取消

在目前信息技术课课时不多的情况下，课前用于知识记忆性质的检查提问已无效益可谈。教师应根据教学需要，在课前安排一个思考题让学生思考、讨论。这个思考题可以是用已学知识构思解决新问题的方法，也可以是分析学生上机过程中某个有代表性的技术问题形成的原因，并设计排除的方法。

4. 牢记课堂教学以能力培养为主

对于新授课，只要学生能自学弄明白的问题，教师就不要用讲授的方式进行教学。教师可以设计出层次分明的思考题，引导学生认真阅读教材，用"自己学得"的知识解决"实际问题"，并提供让学生"各抒己见"的机会。最后教师再通过课堂小结使教学内容系统、完整。

5. 利用现代化教学手段，有效提高教学效率

信息技术学科教师要能熟练运用多媒体教学手段，使自己的课堂教学内容丰富而不繁杂，教学过程紧凑但不忙乱，自身的教学效率与计算机的高效性和谐一致，使学生亲身感受信息技术给人类带来的全新变化。

6. 要培养学生追踪新技术的能力

追踪新技术是信息技术学科的重要特点之一，教学中不但要关注新技术，还要注意培养学生追踪新技术（包括学习新技术和应用新技术）的能力。

二、上机课教学原则

1. 有关操作的教学内容应安排在机房进行

信息技术课是一门实践性很强的课程，有关操作的教学内容应安排在机房进行。配有多媒体教学网或大屏幕投影机的现代化机房，能使教师有更多的机会营造有利于学生"主动发展"的空间。

2. 在教学过程中注意培养学生的自学能力

心理学研究也指出：学生对周围事物充满好奇，学生有一种与生俱来的、以自我为中心的探究活动方式。这就表明，有效的学习活动不能单纯地依赖模仿与记忆，自我发现是学生学习的重要方式。在教学过程中，教师应在学生认知水平能够承受的前提下，安排一些适合自学的内容让学生自学掌握。刚开始让学生自学时，安排的内容要少而简单，等学生认为自学不是一件很难的事情且乐于参与时，再适当加大自学的难度。

3. 让学生在巩固性练习中进行知识的整合创造

创新素质教育的一大特点就是跨学科。传统的学科教育往往强调了线性思维，而忽视了发散思维，这样是很难培养出具有创新素质的人才的。计算机的工具性，为以学生为主体的跨学科教育提供了极大的便利条件，教师应让学生在巩固性练习中，多进行知识的整合创造。

4. 键盘指法的常规训练尽量与英语学习相结合，要常抓不懈

键盘指法作为一项"一朝学会终身受益"的基本技能，要求学生在学习阶段作为常规训练常抓不懈。指法的训练在刚开始的时候就要从严要求，但也不能把信息技术课变成打字课的形式。

三、课外实践教学原则

1. 课外实践作为课堂教学的拓展和延伸，可对应用技术类进行辅导

建构主义教学设计原则强调：学生的学习活动必须与任务或问题相结合，以问题探索来激发学习者学习的兴趣和动机，创建真实的教学情境，让学生带着真实的任务学习，拥有学习的主动权。课外实践作为课堂教学的拓展和延伸，可对应用技术类进行辅导。在应用技术的课外实践中可把计算机当作信息处理的工具，让学生在整合各科所学文化知识的基础上进行丰富多彩的创作和信息交流活动。学生在轻松愉快地学习、巩固相关学科知识和技能的同时，有效提高了应用已有知识进行创新和规划的能力。这样的课外实践教学课，深受学生喜爱。

2. 课外实践的机时可由学校、家庭双方解决

学校在保证教学机时的前提下，可利用课外活动、寒暑假的时间为学生提供课外实践机时。在目前计算机已进入不少工薪家庭的情况下，可适当安排学生完成一部分课外实践，以缓解学校机时的不足。

当今世界"落后就要挨打"已是不争的事实，国力强盛依赖"科教兴国"。教育能否培养出有理想、有文化、爱国敬业、具备"两个素质"的人才是关键。因此，如何在中学计算机教育中培养学生的创新精神和实践能力是历史赋予每个教育工作者尤其是中学信息技术教师的责任，为了中华民族的腾飞，让我们从现在做起！

参考文献

［1］吴孝燕. 中学信息技术课程的教学模式探讨［J］. 教育探索，2003（8）：41-42.

［2］周维霞，罗刚. 中学信息技术教学模式探究［J］. 中国现代教育装备，2009（12）：25-27.

［3］郭友敏. 构建自主教学模式 发展信息技术教育：浅析中学开设信息技术课程的四个环节［J］. 中国电化教育，2002（3）：33-36.

浅谈"双减"背景下如何构建初中道德与法治高效课堂

西安市鄠邑区第六中学　詹　蓉

摘　要　"双减"政策的出台为初中道德与法治教学提出了更高的要求，如何构建初中道德与法治高效课堂，更好地实现"减负提质增效"的教学目标，引导和促进初中学生思想品德发展，实现立德树人的育人目标，对于初中道德与法治教学来说尤为重要。本文立足于政策要求和学科特色，分析"双减"政策下道德与法治高效课堂构建的重要性，通过优化课堂教学和优化作业设计等方面探索"双减"背景下构建初中道德与法治高效课堂的策略。

关键词　"双减"；初中道德与法治；高效课堂；策略

"双减"政策旨在有效减轻义务教育阶段学生过重的作业负担和校外培训负担，全面提升教育教学质量，促进学生的身心健康、全面发展。作为一门以引导和促进初中生思想品德发展为根本目标的综合性课程，道德与法治在"双减"政策下落实"全面立德树人"目标，发挥着关键作用。在当前"双减"政策下，学生的课业负担得到了有效的缓解，这种形态下对道德与法治的课堂要求更高了：既要减轻学生的学业负担，又不能降低学生的学习质量。因此，需要不断优化初中道德与法治课堂，提高教学效率，从而达到"减负提质增效"的目标。

一、"双减"政策下初中道德与法治高效课堂构建的重要性

办好思政课,是习近平总书记非常关心的一件事。2020年,习近平总书记曾在文章《思政课是落实立德树人根本任务的关键课程》中对道德与法治课程的地位给予高度肯定。2021年7月24日,中共中央办公厅、国务院办公厅印发《关于进一步减轻义务教育阶段学生作业负担和校外培训负担的意见》,自此全国开启了对"双减"政策的贯彻和学习。

在"双减"政策下,教学任务主要集中在课堂教学之中,当前初中道德与法治课程面临着教学时间短和学生自主性差的问题,对有效提升道德与法治教学效率存在着影响。因此,为了全面落实立德树人的根本任务,充分发挥道德与法治课程的作用,我们必须构建初中道德与法治高效课堂,帮助学生身心得到全面发展。

二、"双减"背景下初中道德与法治高效课堂构建策略

1. 转变备课方式,提高教学质量

科学的备课能够帮助教师更好地分析教材,把握课堂教学的重点和难点,更高效地开展课堂教学。在"双减"政策下,教师一定要更加合理、科学地备课,减少课堂上教师讲授内容的安排,更多地准备一些引导学生讨论和引导学生合作学习的内容,充分发挥学生课堂学习的主体地位。另外,在备课时根据授课内容准备精彩丰富的课件内容,反复打磨课件,在开展多媒体教学过程中充分实现"双减"政策,落实全面立德树人目标。

2. 转变教学观念,激发学生学习主动性

受传统教育观念影响,在初中道德与法治课堂上教师占据着主导地位,把握着教学的节奏。但在"双减"政策下,教师必须转变教学观念,"减负"的背后是增质,因此在初中道德与法治课堂上,教师不只是单纯地传授知识点,而应更加关注课堂的过程性和有效性,采用多种教学形式,联系学生生活实际,激活课堂,实现道德与法治课的育人价值,深耕学生真善美的心灵沃土。例如,在讲解《友谊的力量》一课时,老师不去讲解什么是友谊、友

谊有什么作用，而是邀请学生先来介绍一下自己心目中好朋友的样子，既为后面的学习做了很好的铺垫，也让学生通过互动分享激发了学习兴趣。在讲解友谊的形式时，教师可以通过多媒体呈现出一些"好朋友给我分享食物""好朋友帮我打架""好朋友为我答疑解惑""好朋友借我作业抄"等图片，引导学生讨论什么才是好朋友应该做的事、什么才是真正的友谊。在新的教学观念下，学生充分发挥了学习的主动性和积极性，优化了教学环节，提高了教学的效率，满足了"双减"政策的要求。

3. 注重小组合作，提高课堂效率

教师的课堂授课方式影响着学生课堂上的注意力，如果老师总是以灌输方式教学，长此以往学生会感觉枯燥乏味，失去对于道德与法治课程学习的兴趣。因此，教师应采用趣味性的教学来吸引学生的注意力，促使学生积极主动地参与到课堂的互动环节。在初中道德与法治课堂上，教师应重视师生之间、学生之间的交流和合作，构建高效课堂，实现教学相长。在课堂教学过程中，教师可以通过科学合理的分组、制定明确的主题与任务、给学生充足的空间、重视反馈与测评等将课堂交给学生，让学生通过小组合作对所要学习的内容深入了解和实践，调动起初中学生学习道德与法治的积极性，提高学生的综合素质和教学质量。

三、"双减"背景下初中道德与法治作业布置

课后作业是巩固课堂所学知识的教学手段之一，也是构建初中道德与法治高效课堂的重要组成部分。在"双减"政策下，教师要精心选择作业内容，减少作业量，将抄写型作业改为思维型作业、对话交流型作业、情境体验型作业、观看感悟型作业、观察分享型作业、思维碰撞型作业、德育实践型作业、案例分析型作业、情景模拟型作业、实地观摩型作业、探究学习型作业、社会调查型作业、公益参与型作业、议题讨论型作业、热点聚焦型作业等，让作业成为衔接教学的重要桥梁，更好地促进初中道德与法治高效课堂的构建。

四、结语

"双减"政策的出台和实施,不仅是对学生课后作业和课后辅导的调整,更重要的是对教师教学模式的调整。在"双减"背景下,初中道德与法治教师应及时更新教学观念,从充分认识"双减"背景下高效课堂构建的重要性出发,从转变备课方式、转变教学观念和注重小组合作等方面,积极构建初中道德与法治高效课堂。另外,从合理、科学布置作业方面进一步巩固高效课堂教学成果,让"双减"政策下初中道德与法治课堂教学效果逐步得到提升。

参考文献

[1]徐元旦."双减"背景下初中道德与法治高效课堂构建研究[J].试题与研究,2022(6).

[2]许丽文,林顺华."双减"背景下初中道德与法治课后作业设计策略[J].福建教育,2022(4).

[3]洪燕倩."双减"背景下初中道德与法治课堂教学改进策略探索[J].新课程评论,2022(1).

[4]郑乐安."双减"背景下创新作业设计[J].思想政治课教学,2022(4).

[5]董苗苗.三个维度:"双减"背景下初中道德与法治学科建设的方向[J].试题与研究,2022(5).